補助金の倫理と論理

庄司 進

幻冬舎ルネッサンス新書
208

はじめに

なぜこのような本を書く気になったか、ということから始めたい。

私は日本政策金融公庫に三十数年勤務し定年退職したあと、宮城県に期限付き職員として採用され経済商工観光部でほぼ5年、補助金の交付事務に従事した。そのときの体験は『お役所仕事の倫理と論理』というタイトルの本のなかで書いた。

この本はタイトルだけから判断すると公務員批判の本と思われるかもしれないがそうではない。私たちは小さな政府を目指しているのか大きな政府を目指しているのかよくわからないところがある、それが「お役所仕事」を評価する際の難しさになっている、ということを書いたものだ。

つまり、社会が公務員に何をどこまで期待しているのかコンセンサスができていないように思われる。また、役所の仕事は非効率的だと批判するときは、民間企業の論理に基づいて批判している。要は商業主義の観点から批判しているのだ。しかし、役所にも商業主義を適用しなければならないのか、私にはよくわからないと正直に書いた。

一方、たかが５年いただけで「役所の論理」などよくわかっていないのに、私はその本のなかで「お役所仕事の五大原則」なるものを提示した。その際の具体的事例には、私が従事していたグループ補助金の交付の際に体験したことを取り上げた。

それはもっぱらグループ補助金の支出にかかる事務手続きの煩雑さなどを書いたものだが、実は補助金そのものについてもよくわかっていなくて、私のなかにあるもやもやとしたものは除去されることはなく、書き進めていけばいくほど、もやもやとしたものは濃くなっていった。

補助金の事務手続きの煩雑さは、実はそう大きな問題ではない。補助金だけでなく役所の仕事はすべてにわたって煩雑であるが、それはテクニカルな問題であって解決不可能な問題ではない。

それよりも、そもそも補助金は本当に必要なのか、効果測定をしなくていいのかなど、補助金そのものの問題、そして議員の執拗な介入や受給者のモラルハザードなど補助金をとりまく問題が、おおげさな言いかたになるかもしれないが、私の前に立ちはだかったのだ。

その問題に充分取り組むことなく、それを避けるようにして『お役所仕事の倫理と論理』を出してしまったので、少し気が引けるところはあった。

それで今度は、補助金の性格なり補助金を取り巻く問題を私なりの考えで整理してみようと思ったのが本書を書いた理由だ。

　両親がいなければ子どもは誕生しない。それが本にもあてはまるとすれば、本書の片親はさきほど述べた拙著『お役所仕事の倫理と論理』であるが、もう一人の親は同じく私が書いた『日本の銀行と世界のＢＡＮＫ』である。私はこの本を日本政策金融公庫を定年退職した直後に出した。日本は英米型の金融システムをまねる必要はない、というのがこの本のなかで私のもっとも言いたかったことだ。

　それと補助金と何か関係があるのかと思われるかもしれないが、ある国の補助金を論ずることはある国の社会経済システムを論ずることだと私は考えている。したがって『日本の銀行と世界のＢＡＮＫ』で展開した日本の金融システムと英米型のそれとの比較検討は、本書の論述のバックボーンになっている。

　ところで、例えばアマゾンで補助金に関する文献を探そうとして「補助金」というキーワードを入れて検索すると、かなりの数の書物がヒットする。しかし、その多くは、どうすれば補助金がもらえるか、などのいわゆるハウツー本である。補助金そのものについて論じた本は多くない。

　サミュエルソンの『経済学』はたぶん世界で最もよく読まれた経済学の教科書だと思うが、

補助金についての言及はまったくない。昔の話で恐縮だが、私は１９８２（昭和57）年にアメリカの大学で財政学の講義を聴いたことがある。教科書は当時アメリカで一世を風靡したマスグレイブの『ＰＵＢＬＩＣ ＦＩＮＡＮＣＥ ＩＮ ＴＨＥＯＲＹ ＡＮＤ ＰＲＡＣＴＩＣＥ』であった。

この本では、ＳＵＢＳＩＤＹ＝補助金という単語が出てくるのは一度だけである。それもアメリカの企業の外国の子会社がもらった外国の補助金に対してアメリカで課税できるかという議論であって、補助金そのものの話ではない。

アメリカにも補助金はあるのだが、経済理論の分析の対象にはなっていないのだ。たった二冊を調べただけでこんなことをいうのは乱暴かもしれないが、そうまちがってはいないと思う。

そして、日本の経済学の教科書はアメリカの教科書をベースにしているから、日本の教科書でもおそらく補助金そのものについて論じてはいない。ただし、日本ではアメリカと異なり補助金の支出がかなり大きい国であるので、それが論評される機会は多い。

広義の補助金に関する論評は、財政学、特に地方財政に関する研究、あるいは農業問題のなかにかなり含まれているが、私が本書で取り上げた狭義の補助金のみについて言及している論文、文献は極めて少ない。

なぜ少ないか。それは補助金が基本的には財政学の項目の一つであって財政学の教科書ですでに書かれているからなのだが、補助金をめぐる問題は、特に狭義の補助金をめぐる問題は、いま流行の言葉を使えばセンシティブなところがあるという理由も大きい。

例えば、補助金交付にあたって政治家がかかわってくることはありがちだが、そのことだけを書けば週刊誌のゴシップ記事と大差がないものになってしまうおそれがある。また、お金に関することなので経済学の一分野であることはまちがいないのだが、経済学だけでなく政治学、歴史学、はたまた倫理学や道徳の問題も含まれているので、そのあたりも数が少ない理由の一つに挙げられるかもしれない。

私は本書を経済学だとか、政治学だとかカテゴリーをまったく意識せず自由に書いている。したがって、とりとめのない記述になっているけれども、数少ない狭義の補助金に関する本として読んでいただければ、と思う。

補助金の倫理と論理

目次

序章　ある問いかけと答え

補助金といっても多くの類型があるが、マスコミなどに問題として取り上げられる頻度がもっとも高いのは、おそらく農業への補助金ではないだろうか。補助金について語ることは農業問題について語ることといってもいいぐらいだ。

先に書いたとおり、アマゾンで「補助金」という語句をタイトルに含む本を検索すると、たくさん出てくるのだが、ほとんどは中小企業者向けのハウツー本か地方自治体の財政担当者向けのものであって、農業に関係のあるものは非常に少ない。にもかかわらず、農業と補助金がマスコミに取り上げられるのは、政治との関わりが深いからだと私は考えている。ただし、新聞やテレビは政治家、農協、農業従事者を忖度してか、露骨な批判は避け、問題提起にとどめている。

しかし、農業問題研究者からは補助金に対して厳しい意見が出されることがある。例えば、山下一仁（著者についての敬称は略させていただく、以下同じ）は『農業ビッグバンの経済学』（日本経済新聞出版社　２０１０年）の「まえがき」でこう言っている。

《そもそも、所得補償と言うのであれば、一般の生活保護に加えて、なぜ農家だけが優遇されるのだろうか。勤労者世帯よりも高い所得を得ている兼業農家に、納税者の負担で所得補償することは、果たして公平な政策と言えるのだろうか。リストラされた人たちやシャッター通り化した商店街の商店主は所得補償されずに、なぜ裕福な兼業農家に納税者は何千億円も支払わなければならないのだろうか。このシンプルな問いに政治は答えなければならない。》

コンテクストを明らかにしておこう。山下は、民主党が２００７（平成19）年に提唱した「農業者戸別所得補償制度」について言及している。山下は、民主党がこの政策を減反政策廃止の見返りとして提案したはずなのに、『２００４年の参議院選挙を前に「対象農家の限定」を取り下げ、２００８年には「減反の廃止」も取り下げてしまった』として、『減反で価格を維持したうえで、減反補助金にさらに戸別所得補償という財政負担を加えてしまう』から『国民負担は自民党時代よりも増加する』と民主党の提唱した戸別所得補償制度を批判しているのだ。

ところがその後、戸別所得補償も減反補助金も平成30年度に廃止されることになったので、現在では山下のこの問いかけは迫力を欠くものになっている。しかし、山下の著書が発刊された時点では、農業に多額の補助金が投入されていたのは明白な事実である（ウルグアイ・ラウンド以来、米には6兆円がつぎこまれた）。

そして食糧管理制度も食糧制度と改められるなど農業政策は大きく変化しつつあるものの、

いまだに農業補助金は国レベルだけでも５００種類ほどあって、農業補助金がことごとく消滅することは考えにくい。

したがって、山下の問いかけは現在でもなお有効であるといっていい。例えば、減反政策は廃止されたといっても、現在でも県とＪＡ主導による値崩れを防ぐための生産調整は行われているのだから。山下は「このシンプルな問いに政治は答えなければならない」と言っている。私は「政治」ではないが、答えてみようと思う。

３点挙げたい。まず、まっ先に思い浮かぶことは選挙対策ということだ。これをＡ－１とする。この回答は私だけでなく他の学者らからも支持を得られると思う。例えば、生源寺眞一は『日本農業の真実』（ちくま新書　２０１１年）でこう書いている。

《戸別所得補償制度は農業政策としての評価とともに、選挙戦のツールとしての観点からも評価しておく必要がある。もちろん、選挙戦を念頭におくことは大なり小なり、どんな政党の政策にも言えることではあろうが、戸別所得補償制度の提案が選挙戦における集票を非常に強く意識したものであったことも疑いをいれない。》

そして生源寺はこのあとに、「個別」ではなく「戸別」という〝異様な〟言葉を用いているのは、戸別訪問こそが選挙の要諦としている小沢一郎の発案ではないかと続けている。確かに、単に所得補償というよりは「戸別」と付したほうが有権者、特に農業従事者の有権者には受けがいいかもしれない。

小沢のことはさておいて、「補助金は選挙対策である」と一言で片づけてしまうのは、それが真実であるとしてもいささか芸がない。だいいち、「なぜ農業にだけ？」という問いに答えてはいない。

そこで次に考えられる回答は、農業は保護されるべき特殊な産業であるから、ということだ。これをA－2とする。具体的には農業は食糧供給という国の安全保障を担っているということと農業の多面的機能ということが言われる。「多面的機能」とは文字どおり、農産物を生産するだけでなく、さらなる効果もあるということだ。

例えば、水田は雨水をためるから、洪水防止、地下水の涵養、土壌の流出を防ぐなどの機能がある。また、生物の多様性保持に貢献する生態系保存機能がある。さらには景観保全にも貢献していると言われる。

これらの「多面的機能」は経済学では〝外部経済〟と言われる。安全保障も外部経済である。外部経済は一般には馴染みのない言葉であるが、簡単に言ってしまうと「市場価格に反映されないもの」ということだ。

水田が洪水を防ぐことに貢献しているからといっても、その分が米価に含まれているわけではない。つまり、米作は水資源の保全や環境保全に貢献しているのだけれども、それを米価に上乗せすることはできないから、そこを考慮して補助金をあげましょう、というわけだ。

これはかなり説得力のある議論のようにみえる。政府支出を極端に抑えようとする傾向にあるイギリスでも、環境保全に貢献している農家には補助金を出している。EUも環境保護の名目で加盟国に農業補助金を出している。ヨーロッパでは農業の環境保全機能に期待しているのだ。

ところが残念なことに、日本における実際の農業政策は「多面的機能」を発揮させる方向にはなかった。減反を奨励し、水田を水田として使用しないことに補助金を出して水田を消滅させて、農村が農村でなくなる政策が取られてきたのだ。

食の安全保障も同様である。安全保障というのなら余剰の生産物が出るぐらい生産力を強化しなければならない。米についていえば、平常時には余剰を輸出できるようにし、非常時には輸出をやめ、その分を国内に供給するというのが理想のはずだ。

しかし、実際は、価格維持と称して供給体制を縮小する政策をとってきた。これではとても「農業の多面的機能を考慮して補助金を出しています」と胸を張って言える状況にはない。

それではほかの理由はないかと考えてみると、歴史的経緯がある、ということが思いつく。これをA－3とするが、よく考えてみるとこれは答えにはなっていない。「歴史的経緯」というとなんとなく重々しい感じを受けるが、要は「昔から農業に補助金を出しているから」と言っているにすぎない。

いつ何時から補助金を出しているのかが問われているのではなくて、なぜ補助金が出るのかが問われているのだから「歴史的経緯があるから」というのは答えにはなっていないのだ。

しかし、行政実務においては過去の経緯は簡単に無視できるものではない。「行政の継続性」という言葉は役人が予算を獲得するためによく使用する言葉であるが、民間も行政の継続性を要求することがしばしばある。朝令暮改はけしからんというのだ。

ところで、財政学の用語に「経費膨張の法則」というのがある。ドイツの財政学者ワーグナーが提唱したので「ワーグナーの法則」とも呼ばれる。人口や物価や所得などが不変であっても国家の経費は増大する傾向があるというものだ。

ワーグナーが指摘したのは、戦争によっていったん国家支出が増大すると戦争が終わって平常時になっても増加した経費がそれ以前の水準に戻ることがない、ということだが、非常時でなくても、いったん支出が膨らむとなかなかもとには戻らないという傾向は確かに散見される。

社会科学でいう法則は自然科学でいう法則ほど厳密なものではない。「ワーグナーの法則」も厳密なものではないが、かなり「法則」に近いものであることを私たちは経験的に知っている。もちろん私たちは、ふだんは「経費膨張の法則」を意識することはない。ただし、「行政の継続性」は「経費膨張の法則」とほぼイコールだ。補助金も軍事費も削減することは難しいということを私たちは経験的に知っている。

「いままで補助金がもらえたのにどうしてもらえなくなるのかそれでは困る」という声に行政は弱い。これは政治も同様である。政治家もそのような声に応えようとして、既存の補助金がなくなることになってもまた新たな補助金の制度をつくろうとする。

したがって、A－3はA－1と重なるところがある。つまり、「選挙めあて」にも歴史的経緯はあるのだ。そういう意味では、山下の問いかけに対する回答は三つと書いたが、A－2とA－1プラスA－3の二つといったほうがいいのかもしれない。

以下ではA－1とA－3について、つまり補助金をめぐる歴史を政治的経済的な視点から見てみたい。

第1章　補助金の歴史

1　明治期の補助金

御普請の系譜

日本における補助金の始まりはどんなものだろうか。日本最初の補助金とは何だろうか。何という名称の補助金なのか。これらの問いに答えるのは不可能である。そもそも補助金の定義が明確ではないからだ。

補助金の定義についてはあとで触れることにするが、補助金の歴史を考える際に明治時代から始めるのはまちがいではないだろう。仮に補助金を「国から国以外になされる貨幣的給付」と広くとらえれば、室町時代や江戸時代にそのようなものがあったかもしれない。

例えば、堺屋太一は、『三人の二代目』（講談社　２０１７年）で豊臣秀吉が公家や諸大名に金銀を配ったことを書いている。その原資は、年貢米の売却や戦利品のほかに、千利休が「名器」の折り紙を付けた茶道具を諸大名に高く売りつけた販売益であったという。

千利休は豊臣秀長の保護下にあったので、千利休の販売益のほとんどは秀長のものだった。一方の秀長は、このブランド商法で得た金銀の一部を秀吉の金賦《かねくば》りのために提供した。

《財源が何であれ、お金を貰ったものは喜ぶ。その反面、押し付けられる仕事は断れなくなり、自主性を失う。**豊臣秀吉の「金賦り」は、中央集権を強化する補助金行政の遠い祖先である。**》〈※太字処理は庄司による〉

堺屋が秀吉の人気取り政策を「補助金行政の遠い祖先」だとしたのは、さすがに元通産官僚ならではである。しかし、秀吉の天下統一はまだ近代国家の成立とはいえない。誰しもが認める「国」が確立するのは明治時代であり、補助金の歴史は明治時代に始まるといっていい。

『補助金の政治経済学』（宮本憲一編　朝日選書　１９９０年）には、「第一章　補助金の構造と動向」に「補助金制度はわが国においては一九一八（大正七）年の市町村義務教育費国庫負担制度を出発点としている」という記述がある。

しかし、同書では「第四章　農村と補助金」で「農業関係の最初の国庫補助金は一八九四（明治二十七）年六月、実業教育費国庫補助法によりはじまっている。殖産興業政策の一環として工業・農業・商業学校（私立を含む）の充実のために支出された」としている。

同じ本のなかで、補助金の始まりは大正7年だとしながら、一方では明治27年だという。どちらが正しいのか。ここで正誤を問題にしてもあまり意味はない。この矛盾は、『補助金の政治経済学』が数人の学者によって分担執筆されたものであることにも起因しているが、何よりも補助金の定義が明確ではないことに原因がある。

同書第1章の執筆者である財政学者の鶴田廣巳は、大正7年が補助金制度の出発点だと記述する前にこう書いている。

《補助金あるいは国庫支出金の制度の根拠は、たとえば宮本憲一の定義にしたがえば、生産と生活の社会化にたいして資本主義の経済発展が対応できず、政治的・社会的諸矛盾が増大して国家による社会経済の管理が必要となり、公共的介入が行われるようになったところに求められる。》

引用文中の「宮本憲一の定義」についてだが、本書の「序章 転換期の補助金」で宮本は「現代の補助金制度は福祉国家あるいは国家独占資本主義と言われるような、半世紀前の資本主義の危機の時代の産物である」と書いている。

いまここで国家独占資本主義の概念について詳述する余裕はないので、国家が経済に介入する度合いが強くなった第一次世界大戦後の資本主義の容態をマルクス経済学者が「国家独占資本主義」と規定した、というだけにとどめたい。したがって鶴田も、補助金制度の出発点は大正7年、第一次世界大戦が終了する前年であるとしたのだろう。

また宮本は、「補助金とは何か」というセクションで、「国庫補助金制度は、地方公共団体または民間法人、個人などに対する国の一方的貨幣給付である」と始めてから、補助金の定義、補助金の根拠について記述している。

ただし、彼の関心はあくまでも「現代の補助金」にあるようで、第一次世界大戦以前の補助制度については触れられていない。したがって、私は矛盾と書いたが、そもそも宮本は「現代の補助金」以前の歴史を扱うつもりはないのだから、私の批判は的外れなのかもしれない。

こうした議論を踏まえても、やはりもっとも古い補助金は農業に対する補助金であるといって差し支えないだろう。例えば、農業経済学者・今村奈良臣は『補助金と農業・農村』（家の光協会　1978年）で「農業補助金の本格的発生は、のちに見るように明治三三（一九〇〇）年の農会補助金にさかのぼることができる」と書いている。

「農会」とは現在の農業協同組合の前身である。つまり、農協に対する補助金によって農業補助金が本格化したのだという。しかし、同書でも農業補助金の始期は明らかにされていない。

日本史研究者の長妻廣至は『補助金の社会史』（人文書院　2001年）で、「第1章補助金論の系譜—近世から近代へ」を「御普請と自普請」というセクションから始めている。

その前の序章で長妻は「第1章において、御普請を「補助金」というタームで考えることは、奇異感を持たれるかもしれない」と書いている。「御普請」とは、江戸時代の領主が実施する土木工事、本来は幕府や藩が行うこととされていた河川工事のことであったが、土地改良工事や耕地開発をも指すらしい。

つまり、農民が自ら行う農業土木工事ではなく、「お上」が行う農業土木工事のことなのだ。そうであれば「御普請」を「補助金」というタームで考えることは〝奇異〟ではない。現代のいわゆる公共工事も広い意味での補助金と考えられないことはないからだ。

長妻は「明治期の地方財政は系譜的に御普請を引き継いでいたし、当事者もまたそれを意識していた」と続ける。この指摘は決定的に重要である。

明治維新は、資本主義の発展の契機になったということにのみ着目すれば市民革命、ブルジョア革命といえるのだが、英国の名誉革命、フランス革命、アメリカの独立戦争などとはやはり性格を異にするといわざるをえない。

明治維新は「上からの」改革であって、幕府や藩は消滅したが明治政府には幕藩体制の基本的構造の一部、「お上」が恩恵を施すという慣習は残存していたのだ。

引き継がれた御普請は「当事者もまたそれを意識していた」と長妻は書いた。この「当事者」には、中央政府、地方の財政担当者だけでなく、その財政支出の恩恵をこうむる民衆、特に農民も含まれていると思う。

つまり、「御普請」は「補助金」であるとすれば、農業に対する補助金は江戸時代から今日まで、やや誇張した表現になるかもしれないが、当然もらえるものとされてきたのだ。

ここでは農業補助金やその他の補助金の始期を明らかにしようとする試みは避けるが、少なくとも農業補助金については江戸時代にすでに根源をもっていたということを指摘しておきたい。そして、明治期における補助金をめぐる問題は、実は今日でもやはり同様に問題とされていることを指摘しておく。

大蔵省と他省庁との攻防

現代における補助金をめぐる問題について、まず一つは、同じ政府のなかでも、補助金を支出する省庁と財政当局とでは補助金についての意見はなかなか一致しないということである。

地方財政審議会委員であった萩田保は『補助金制度論』（地方自治研究会　１９５７年）の「補助金制度管見」を次のように始めている。


《近年補助金の整理が、地方財政改革案の一つとして、強く主張されている。凡そ地方財政に関する改正案は、地方財政の所管庁たる自治庁と国庫財政の所管庁たる大蔵省とのあいだで、意見が対立する場合に、実現がなかなか困難であるが――又そのような事例が多いのであるが――両者の意見さえ合うならば、大体実現しているのである。ところが、補助金整理の問題は、既に、両者の意見に根本的な違はない。しかも実現しないのである。つまり、財政当局だけは、補助金整理に熱心であるが、他の関係者は、総て反対者だということである。》

文中、「自治庁」とあるのは「自治省」の誤りではない。消防庁と自治庁が統合されて自治省となったのは１９６０（昭和35）年であるが、『補助金制度論』が出版されたのは１９５７（昭和32）年なので、その時点ではまだ「自治庁」であった。

つまり、いまから60年以上も前に書かれたものではあるが、昔の話としてかたづけることはできない。自治省は総務省となり大蔵省は財務省となったが、現代でも総務省に限らずほかの省庁と財務省との間の補助金をめぐる攻防はなんら変わっていない。

私自身がかかわった例を挙げよう。「はじめに」に書いたとおり、私は宮城県でグループ補助金の交付事務に従事していた。グループ補助金というのは、あとで詳述するが、正式名称は「中小企業等グループ施設等復旧整備補助金」といって、２０１１（平成23）年の東日本大震災で被災した中小企業がその施設・設備を復旧・整備するための補助金である。この補助金は３分の２を国が、３分の１を県が負担している。この場合の「国」は中小企業庁である。

この補助金の対象となる主なものは津波で流出した施設の復旧なので、完了にはかなりの時間を要する。例えば、宮城県では、防潮堤やかさあげ工事、河川工事の整備などの基礎的土木工事が完成するのは２０２０年度とされている。

かさあげ工事などが完了してから、その敷地に工場等の施設を建設するのだから、補助金の交付決定がなされてから一年以内で補助事業を完了できるわけがない。

ところが、国の予算制度はすべての事業を予算が認められたその年度内に完了させないといけないことになっているから、長期化するものは例外措置なのだが、「繰り越し」の措置を講じなければならない。

この繰り越しの作業は大変な労力を必要とするものなのだが、「繰り越し」作業でもっとも苦労するところは、なぜ繰り越しが必要なのかと、補助事業者（補助金の交付決定をうけた被災中小企業者）がなぜ年度内に補助事業（工場等の建替工事等）を完了できないのかを説明することである。

宮城県は理由書を東北経産局に提出する。東北経産局はそれにもとづいて東北財務局と交渉する。最終的には中小企業庁と財務省の話なのだが、その前段に経産局と財務局とでやりとりがある。県の担当者は経産局から「こんな理由で財務局が繰り越しを認めると思うか！」と叱りを受け、何度も書き直しを命ぜられるのだ。

つまり、経産局、中小企業庁はいったんついた補助金を死守しようとするが、財務局、財務省はできる限り繰り越しを減らし支出を抑えようとするのだ。

これは補助金の繰り越しの例であって補助金の整理の話ではないが、根は同じである。そして、財政当局と補助金を管轄する省庁との攻防は、実は明治時代から、要するに補助金の制度が始まったときから見られるのだ。

長妻は前掲書『補助金の社会史』の「山県有朋の補助金論」というセクションで1884（明治17）年の山県有朋の「道路ノ制ヲ更定スルノ議」を紹介している。長妻は原文をそのまま引用しているが、漢字とカタカナの候文で読みにくいので私が現代文に改めた。

《十三年第四八号公布をもって土木費官給の事を廃止し、道路費はことごとく皆地方の負担となった。ここに至って管理と経費をともにまったく地方に放任し、政府は直接に道路修築のことに関与することがなくなった。その当時は財政の急務によって従来の慣例により地方税と連帯支弁にかかるものをもって、地方税の支弁に委ねるだけになって、管理の事に至るまで、すべて地方に任せるという廟議ではなかったはずだが、現在は事実上はまったく放任されている状況を見るに至った（後略）。

右の費額（国道の総延長一九四〇余里、これに対する一里当り修繕費一六七八余円とすると総額二八一万四七三九余円で、この二分の一ないし三分の一が毎年の修繕費、他に橋梁費二一万円と算定している。」は、国道全線の経費はすべて官給の目的をもって計算しているものだが、従来の慣習により、もしくは近年地方税則改定以来の例規によって、地方において実際に支弁してきた費額であって、特に困難ではないのなら、いま急にこれを廃止する必要はない（中略）この際は右一半もしくは三分の一と他に橋梁費目途高の二分の一、十万円、もしくは三分の一、六万六千六百余円を支給することで、国道管理の実権を占めることが必要である。》（※〔　〕内の記述及び傍点は長妻による）

興味深い文書である。長妻も傍点を付して強調しているように、たとえ全額でなくても、2分の1でも3分の1でも国道の維持管理費に国庫支出金を出すことによって、地方に対する内務省の影響力を保持しようとする姿勢を隠すことなく示している。

長妻によれば、この考え方に対しては、大蔵省は緊縮財政の続行と補助金膨張への危惧から反対意見を表明したという。そして、山県の「国道管理の実権」についても異議が出されたとして、次のような大蔵省の批判を紹介している（※前の引用と同様、私が現代文に改めた）。

《もし国道をもって国庫の支弁に帰するときは、その工事の整否から工費の支払に至るまですべて政府においてこれを担任せざるをえない。ところが原案の趣意は、その費用のいくらかを地方税から取るものとしているようだ。そうであるならば、現在実施されている補助費と同じ取扱いになってしまうから、管理の実権を占めるという主張はどんなものであるか。もしこれに反してその工事を政府においてすべて措置することになれば、その地方税から取るものについては、逆さまに国庫に補助せざるをえなくなる。故に国庫支出を主眼とするときには、国費の多出を顧みず、これを純官費とするよりほかはない（後略）》

これについて、長妻は次のように解説する。

《ここで大蔵省は「管理」という意味を厳密に解釈し「工事ノ整否ヨリ工費ノ仕払ニ至ルマテ、悉皆政府ニ於テ之ヲ担任」することと規定する。これは地方に補助金を投下し、工事の主体は地方である現行のやりかたとは明らかに違うものだと主張している。中央政府が工事の主体であるならば、中央から地方への補助金でなく、「逆サマニ」地方から中央への補助金でなくてはならない。結局中央の「管理」ということを推し進めるならば、「純官費」とならざるを得ないと結論づけている。

　このように山県の主張が、補助金の第一の側面「国がその政策意図を地方に押しつけようとして利用する手段」に着目しているのに対して、大蔵省は「地方は、地方に生じた行政ニーズを、中央政府の補助事業とさせるよう中央に働きかける」同じ補助金のもう一方の側面、中央政府にとっての危うさに言及しているといえるだろう。》

長妻は「大蔵省は」としているが、この大蔵省の意見は当時大蔵卿であった松方正義の見解ではなかったかと私は考えている。そうだとすれば、このやりとりは山県と松方の論争であったといえる。

松方の政治家としての評価は真っ二つに分かれている。陸奥宗光は「松方のような人は村の役場に一人や二人はいる」と語ったと言われているし、松方の研究者である室山義正はその著『松方正義』（ミネルヴァ書房　２００５年）で、大隈重信が「松方も薩摩に生まれなかったならば、セイゼイ知事位だ」と言ったことを紹介している。

一方では松方が明治天皇から絶大な信頼を寄せられていたことは知られているし、室山も前掲書で「その財政経済上の輝かしい事績を見れば、彼が財政経済に関して、他の政治家や官僚の企て及ばない天性の経済センスと知能を備えていたことは疑いない。まさに『天才』としかいいようがない」と激賞している。

松方を悪く言う人はおそらく、内閣総理大臣としての調整能力を疑問視し、良く言う人は紙幣整理や日本銀行の設立など大蔵大臣、財政家としての実務能力を評価する。つまり、実務家としての能力が優れていたばかりにスケールの小さい人物とみなされたのだと思われる。

松方の財政思想についてここでは詳しく触れる余裕はないが、薩摩の人間でありながら、その上層部が薩摩出身者で占められていた海軍の予算を抑えに抑えたことだけは指摘しておきたい。

そしてこのような、補助金に限らず一般的な財政支出をめぐるほかの省庁に対する大蔵省の厳しい姿勢の伝統は松方正義によってつくられたものだと私は考えている。

もちろん、限られた予算のなかでどうやりくりするかは松方に固有の仕事ではなくて財政当局のそもそもの仕事なのだが、自分の出身派閥にも厳しかったという、あえて下世話な言い方をすれば〝ばか正直〟な松方の個人的資質が、その後の大蔵省の姿勢に影響を及ぼしたと思う。

少し話が横道にそれそうなので元に戻そう。山県と大蔵省の話であった。

長妻は、「山県の主張が、補助金の第一の側面『国がその政策意図を地方に押しつけようとして利用する手段』に着目している」と書いている。

まちがいではないが、この時点では内務省はまだ「地方に押しつけ」る明確な道路政策を持っていなかったのではないかと思う。何らかの具体的な政策を実現したかったのではなくて、たとえ一部でも補助金を出すことによって「国道管理の実権を占める」、つまり、中央政府、内務省が地方に対して権勢をふるう素地を残しておきたかったということではないか。

絶大な内務官僚の権勢

太平洋戦争後、内務省は解体され、その後自治省、総務省となるが、戦前の内務省の権力は絶大で、官庁のなかの官庁であった。高文試験の上位合格者は内務省か大蔵省に行ったが、内務省は他の省庁よりも上とみなされていたようだ。

政治学者・水谷三公は『日本の近代13官僚の風貌』（中央公論新社　１９９９年）で、内務省が廃止される１９４７（昭和22）年の２年前の１９４５（昭和20）年の９月に商工省に入省した大久保悠斎の談話を紹介している。

大久保によれば、首相官邸での入省式の際、東久邇宮首相の訓示のあとに各省入省者を代表して答辞に立ったのは、大礼服にサーベルをつけた内務省入省者だった。それは「当時はまだ内務省が各省の上位にあった」からだそうだ。

先に松方の個人的資質がその後の大蔵省の姿勢に影響を及ぼしたのではないかと書いたがそれと同じことが、つまり初代内務大臣であった山県の個人的資質が、地方に対して権勢をふるうという内務省の姿勢をつくったのではないかと言えるかもしれない。

しかし、それは言い過ぎだろう。戦前の内務省は、戦後の組織でいえば自治省、国家公安委員会、法務省、建設省などを兼ねていた巨大組織であったから、歴代の大臣の個人的資質に関係なく絶大な権勢をふるうことができたのだ。

そして何よりも、先に述べたように、明治維新が上からの改革であったことが、中央の地方に対する位置を決定している。要は、上からの改革である以上、厳密な意味での地方自治は存在しなかったのだ。

このことは補助金について考える場合、決定的な要素になっているので後で詳述するが、内務省の地方官庁に対する尊大な姿勢は、戦後自治省となってからも依然として続いていたことを指摘しておきたい。

いま私の手元に『現代地方自治全集＝14　補助金』（鈴木慶明　ぎょうせい　1977年）（以下『地方自治全集　補助金』と略す）という本があるが、「はしがき」にはこういう一節がある。

《補助金制度には、以上のように、各種の欠陥があるにもかかわらず、こういった欠陥を排除し、是正することが難しいというのが現在の実情である。しかし、これに対しては、やはり地方自治の必要性を強調することによって、国民一般の理解を求めていく努力が不可欠である。地方団体を信頼し、地方団体に自主的に行わせるような体制に頭を切り換えていくことを、あらゆる機会を通じて推進していく必要があるが、しかし、そのためには同時に、**補助金をうける地方団体自身が、国民はもとより、中央官庁の信頼にも十分に応えうるような行政の体制を確保していく必要があることはいうまでもない。**》〈※太字処理

は庄司による〉

これとまったく同じ一節が第一章の最後に出てくるので、『地方自治全集 補助金』の著者はよほどこのことを強調したかったのだろう。しかし、私はこの一節には釈然としないものを感じる。

まず、「地方団体」は国民のために仕事をしているのであって、中央官庁のために仕事をしているのではない。そして、中央官庁の信頼に応えろとあえて書いているところをみると、中央官庁は地方を信頼していない、ということがわかる。

ここでは、不信感を示しているというよりは地方に対する優越感のあらわれといったほうがいいだろう。

また、同書には「第一の原則は、住民の福祉に関係のある公の仕事は、できるだけ住民の身近な団体に**行わせる**のが地方自治のたてまえである」〈※太字処理は庄司による〉という一節もある。

文脈からすれば「行わせる」は「行う」のまちがいではないかと私には思われる。「行う」から自治なのであって、誰からか「行わせられる」のでは自治ではないと思うからだ。

しかし、著者はうっかりしたわけではない。エリート自治官僚にあっては、地方自治は「行わせる」ものなのだ。この『地方自治全集 補助金』は広く一般向けに書かれたものではなく、自治官僚である著者が想定している読者は地方公共団体の職員で、これは補助金実務に対する解説書である。

しかし、解説のみにとどまらず、事務遂行にあたっての心がまえというか、訓示めいたところがあるのが正直に言うと鼻をつく。

繰り返しになるが、地方公共団体は国民のために仕事をしているのであって、中央官庁の信頼を得るために仕事をしているわけではない。そんなことはごく当たり前のことであって、わざわざ繰り返す必要もないと思われるかもしれない。

しかし、『地方自治全集 補助金』の著者をはじめとした高級官僚には、そのことが理解されていない。地方は中央のために存在するのであって、地方は中央の信頼に応えなければならないと彼らは考えている。彼らは地方に対して絶対的な優越感をもっているのだ。

私が日本政策金融公庫に勤務していたときの話をしたい。

日本政策金融公庫は、２００８（平成20）年に国民生活金融公庫と中小企業金融公庫と農林漁業金融公庫が統合されて設立された全額政府出資の特殊会社である。

この新公庫の事業本部長には中小公庫の理事であったＢ氏が就任した。Ｂ氏は、元は経産省のエリート官僚であった。

Ｂ氏はまず各公庫ばらばらであった新入職員の研修のやり方を中小公庫方式に統一すると宣言した。三つの組織が一つの組織になるのだから、それまで三者三様であった仕事の進め方を統一するのは当然であって、そのこと自体は何の問題もない。問題はその方式だった。

私が属していた国民生活金融公庫では、新入職員は採用されると支店に配属されることになっていて、最初から本店（企業でいえば本社）勤務になることはなかった。新規に採用された職員は4月1日に「○○支店勤務を命ずる」という辞令をもらい、東京の研修所で10日間研修を受けたあと各地の支店に赴任してさっそく仕事を学んでいく。

このやり方はＯＪＴ（実際の仕事をとおしての研修）を重視するという考え方に基づくものだ。講義等の集合研修は自分で勉強するためのヒントを与えるだけであって、実際に仕事をとおして学んでいかないとなかなか身につかないというわけだ。

ところが、新方式は採用後半年は本店で研修し、その後に支店なり本店へ配属されるというものだった。この方式が全国の支店長会議で示されたとき、私は反対意見を述べた。

「水泳を教えるのに畳の上でいくら理屈を教えてもしょうがない。早くプールに入れてまずは水に慣れさせるべきだし、半年は長すぎる」

と。会議での私の意見は無視されるのが常であったので、このときももちろん無視された。

ただ、あとで聞いたのだが、Ｂ氏がすぐに新入職員を支店に配属しないのはＯＪＴを重視して

いないわけではなく、

「支店に新人を教育できる人材がいるのか」

と言ったという。

このＢ氏の発言を聞いたとき私は、

「Ｂ氏はけしからん。彼は金融機関のことがまったくわかっていない」

といきりたった。しかし、冷静に考えてみれば、そう怒りまくることでもなかったと思う。ＯＪＴを実施するのが6ヵ月あとになったとしてもそれほど影響はないのかもしれない。それに、金融実務に限らずどんな仕事でもそうだが、研修がすべてではない。最終的には、自己努力によってしか仕事は身につかないのだ。そして、支店を軽視する発言についてもよく考えてみれば、新公庫をどのような組織にするのかまだ固まっていない時期で三者三様の考え方があったのだから、自分たちのやりかたと違うといっても意味のないことだったのだ。


私たち国民生活金融公庫は、現場第一主義、顧客第一主義をモットーにしてきた。現場、すなわち支店を重視することは金融機関として当然のことだと思っていた。顧客と接するのは本店ではなく支店なのだから。

本店も、どうやったら支店が自由に動けるか、充分なサポートができるかということを考えていた。

しかし、Ｂ氏の考えていたビジネスモデルはたぶんそうではなかった。公庫の本店と支店の関係は市中金融機関のそれとは別ものであってしかるべきと考えていたのだろう。ひょっとしたらＢ氏は、公庫の本店と支店の関係は経産省の本省と各地方の経産局の関係と同じだと考えていたのかもしれない。つまり、公庫も経産省の出先機関なのだと。だとすれば、役所なのだから現場第一主義とか顧客第一主義などという思想はない。

飲食店に例えれば、国民公庫は居酒屋であり、中小公庫は高級会員制クラブということになると思う。どちらが優れているかという問題ではない。組織文化というか組織風土の違いなのだ。

だから、私がＢはけしからんと怒ったのは、たぶんお門違いだったのだ。いまになってみればそう振り返ってみることができるが、しかし、いまになっても「支店に新人を教育できる人材がいるのか」という発言は忘れることはできない。

Ｂ氏の発言の根底にあるものは本省の地方部局に対する優越性であるが、それは、『地方自治全集 補助金』の著者が有している思想、「自治省は地方公共団体を信頼していない」ということとまったくもって根は一緒である。

明治期の補助金の話から役人気質の話になってしまったが、この二つは深い関連がある。それは後で触れるとして、明治期の補助金の話に戻りたい。

モラルハザード

現在でもしばしば言及される「補助金の目的」の問題が、すでに明治期から取り上げられていたということを指摘しておきたい。

長妻は前掲書で、１８９６（明治29）年ごろに会計検査院が作成したと考えられる「地方土木費補助ニ関スル意見」を紹介している〈※現代文は庄司が改めた〉。

《地方土木費補助のそもそもの目的は、地方団体の自己の資力で、その存立を経営することができない場合において初めてその不足を補給する処分に出るべきものであるから、被害の程度、民力が耐えられるかどうかを考量して、どうするかを判断すべきである。過当に支出して、この機に乗じて、不急の工事を経営し、僥倖であるかのごとく不当な利益をえることがあってはならない、論外である。ところが本院において、各年度支出の決算について、その実際の成績がどうであるかをみると、復旧の範囲を超越したり、あるいは不急の工事を経営したり、その支出目的にそむくものが少なくない。結局は工事施設の目的がなくなってしまったものだが、そもそも補助金が多すぎた、自力があったと言わざるをえない。》

長妻はこれについて「ここで検査院は、災害復旧工事の『民力』を超えた負担に対して補助するという本来の目的から、明治20年代の地方土木費補助（災害土木費国家補助）は、大きく逸脱していると主張している」と解説している。また彼は別の箇所で「明治20年代の災害土木補助費は、明治時代を通観して、突出的な額を示している」と書いている。

明治20年代に災害土木補助費が増大したのは、洪水、水害などの自然災害が多く発生したということもあるが、会計検査院が指摘したように、そもそもの目的から逸脱した支出もあったからだというのが長妻の見解である。

彼は「災害復旧事業のなかに、かなりの額の改良事業が含まれている」としたうえで、「これは河川法（１８９６年４月法律71号）などの法制度が未整備である当時にあって、政府がなかば黙認していた痕跡すらある」と続けている。

これは重要な指摘である。補助金をめぐる、いわゆるモラルハザードの問題がすでに明治20年代に顕在化しているということがわかる。補助金をめぐるモラルハザードでまず思い浮かぶのは、補助金の不正受給など、つまり補助金をもらう側の問題であるが、受給者だけでなく交付する側にもモラルハザードは発生しうるものである。

長妻は「政府がなかば黙認していた」と穏やかな表現にしているが、ここでいう「政府」、つまり内務省は「積極的に黙認していた」と断定できる。「積極的な黙認」というのは変な表現だが、当時の内務省は、権勢をふるうべく予算を少しでも多く獲得しようとしていたことはまちがいない。

早くから問題視されてきた補助金をめぐるモラルハザードについての明確な対処が示されたのは、１９５５（昭和31）年の補助金適正化法の成立によってであった。この会計検査院の意見書が出てきてから60年後のことだ。

しかし、この法律ができたことによってモラルハザードが発生しなくなったわけではない。今日でも補助金をめぐるモラルハザードは依然として散見される。それについては後で詳述することにして、ここではもう一つの問題ついて指摘しておきたい。

個別企業への給付

それは、一企業に対して補助金が支出されていることである。長妻は前掲書で、「明治期補助金の概要」として、１８８２（明治15）年から１９１０（明治43）年にかけての大蔵省と逓信省の管轄の最多額補助金の項目の表を作成している。

その表を示して、「１８８０年代から１８９０年代にかけて、すなわち日清戦争までの時期、日本鉄道、日本郵船という特定の企業に対して、手厚い補助金が投下され続けたこと」を指摘している。

そして「本書であつかう道路橋梁費補助を中心とする通常土木費の全国合計額より、国策的会社とはいえ一企業である日本鉄道会社（年利８％の利益保証）、日本郵船株式会社（設立15年間の８％の配当保証）への補助額が多いということは、やはり明治期の政府の性格を考える場合考慮に入れるべきであろう」と書いている。

これも重要な指摘であるが、その理由を述べる前に日本鉄道会社についてコメントしておきたい。

長妻は「国策的会社とはいえ」と書いているが、日本鉄道の設立時には国の資本はまったく入っていない。純然たる私鉄であった。

横浜の実業家・高島嘉右衛門は北海道開拓促進という目的で東京青森間の鉄道敷設を政府に建言したが受け入れられなかった。政府も鉄道の重要性は認識していたが、西南戦争で出費がかさみ財政難がその理由であったろうと思われる。

それで高島は岩倉具視に働きかけ、岩倉や佐賀藩最後の藩主・鍋島直大ら華族、士族の出資によって１８８１（明治14）年日本鉄道会社が設立された。

しかし、鉄道建設には巨額の資本を要する。岩倉ら発起人の出資だけでは当然まかなえないので広く一般からの出資を募ることが必要であった。

法政大学経営学部教授であった野田正穂は『日本証券市場成立史』（有斐閣　１９８０年）で、

当初は思うように株主が集まらなかったとしてから、「日本鉄道および東北鉄道の株主募集（株式発行）は、いずれも沿線各県の県令・書記官もしくは旧領主が上からの割当により地方の資産家その他に対して強制するという方法で行われたのである」と書いている。

当初は強制的に株主にさせられたのだが、野田によれば、日本鉄道は１８８４（明治17）年には10％の配当を実施して、鉄道事業は儲かるものだということを国民に認識させ、鉄道投資ブームが起こり、それ以降は株主募集で苦労することはなかったという。

この高配当を可能にしたのが、長妻が指摘した国の補助金なのだ。さらに、日本鉄道は配当のための補助金だけでなく、国有地の無償借入れや国税の一部免除などの特権を得ている。

それは岩倉が松方正義に働きかけたからと言われているが、あの松方が大盤振る舞いをしたのは明治天皇が「岩倉の言うことだから」と口添えをしたからではないかと私は考えている。あるいは明治天皇が直接に松方に言わなくても、岩倉の言うことは天皇が言うことと同じだという雰囲気があったかもしれない。

もっともこれは私の推測にすぎない。明治天皇が一私企業の経営に口をはさむことはなかったかもしれないし、松方自身がそのような忖度なしに鉄道事業の重要性を認識していたから特権を与えたのかもしれない。

詮索はこれぐらいにして、長妻の指摘の重要性についてである。

日本鉄道などへの補助金が最多になったということは、地租収入の余剰が非農業部門から資本主義経済システムの発展に欠かせない運輸部門等に向かったということなのだが、そのことはとりもなおさず、資本主義の揺籃《ようらん》時期からその成長に国家が深くかかわっていたということを意味している。

この日本鉄道への優遇が後発資本主義国家である日本の特徴であり、補助金の性格にも大きな影響を与えていることは言うまでもない。

長妻の作成した表では、１８９８（明治31）年と１９００（明治33）年の大蔵省管轄の最多額補助金項目は農工銀行であり、１９１０（明治43）年のそれは東洋拓殖株式会社になっている。

農工銀行は１８９６（明治29）年の農工銀行法によって設立された特殊銀行で、同年に設立された日本勧業銀行の子会社のようなものであった。北海道を除くすべての県に拠点があった（北海道ではそのかわりに北海道拓殖銀行が設立された）が、１９４４（昭和19）年に勧銀に吸収されている。

東洋拓殖は１９０８（明治41）年に設立された植民政策を推進する特殊会社で、朝鮮、満州、樺太、南洋諸島に拠点があった。戦後ＧＨＱにより解散させられている。

長妻は農工銀行と東洋拓殖については特にコメントしていないので詳細はわからないが、大蔵省の補助金なので、日本鉄道等に対する補助金と同様収支差補給金であろうと思われる。

一方世界を見ると、世界最初の資本主義国家であるイギリスにおいては、資本主義の発展過程で銀行や植民会社への政府の資金面での援助はなかった。世界最初の中央銀行であるイングランド銀行の設立時にも政府資金はまったく導入されていない。そもそもイングランド銀行の設立の目的が政府への融資であるからだ。

アテネ大学経済学部教授・アンドレアデスの『イングランド銀行史』（日本評論社　１９７１年）によれば、設立時の資本金１２０万ポンドは全額政府に融資され、利息年８％を受け取ることが条例で定められた。

なお、資本金１２０万ポンドはわずか10日で集まり、女王（メアリー二世）も募集開始日に１万ポンド申し込んだという。もちろんこれは女王のお金であって政府の出資ではない。

くだんの東洋拓殖株式会社は、イギリスの東インド会社に相当するといっていいだろう。もちろん東インド会社にはイギリス政府の補助はなかった。西洋史学者の浅田實は『東インド会社』（講談社現代新書　１９８９年）で、東インド会社の株の配当について、「１６７１年から１６８１年まで11年間で配当は合計２４０％に達したから、年平均21・８％の配当であった。これから１６９１年まで10年間にはさらに、４５０％の配当が出され、70年代の大体２倍の年平均45％の高配当となった」と書いている。

年45％の配当を10年続けるというのは現代では信じられないことだ。おそらく世界歴史上もっとも成功した株式会社といえるのではないか。

これだけ儲かれば当然、収支差補給金など必要であるはずがない。もちろん、東インド会社は常時好調であったわけではなく、不況時には思うように資金が集まらなかった時期もあったが、そのときでも政府から補助を受けることはなかった。

それどころか、王室へ貸し付けたりイングランド銀行とともに英国債を引き受けたりしていたのである。

つまり、資本主義の発展過程において、日本の銀行や植民会社は政府から補助金をもらっていたが、イギリスでは銀行や植民会社が政府を補助していたのだ。

この一連の流れを知るだけでも日本における補助金の独自性が見えるだろう。

さて、このあたりで明治期の補助金についてはそろそろ一区切りつけたいが、その前にもう一度農業補助金について触れておきたい。

耕地整理事業に対する補助金についてである。長妻は前掲『補助金の社会史』で、「農商務省予算においてはじめて耕地整理事業に対する補助金（耕地整理及土地改良奨励費）が登場するのは１９０６（明治39）年度であるがその年で農業補助金の51・１％を占め、同補助金は明治末・大正初期において農商務省の農業関係補助金の40～50％を常に占めていた」と書いている。

各府県における耕地整理事業補助費は増大していて、府県の支出の支援目的で国が補助金を出すことになったことを長妻は説明しているのだが、彼はさらに注目すべきことを指摘する。


《耕地整理事業関係の補助金は量的意味だけでなく、質的にも、日露戦後における補助金を考える場合重要である。それは先にも述べたように府県の補助に対する補助という限界をともないつつも、とにかく国の補助金が公共団体ではない末端組織を把握する端緒ともなったと考えられるからである。》

現代でもそうだが、補助金は公共団体に出るものという認識が広く一般にある。耕地整理を実施する主体は市町村ではなく耕地整理組合だ。府県は経由するものの任意の組合に対して補助金が出せるのかという疑念が政府にもあったようで、耕地整理事業に対する補助金については補助率の引き上げや補助額の増額には消極的だったようだ。

また、耕地整理組合の性格についても議論があったようだ。長妻は前掲書で１９０９（明治42）年3月の耕地整理法改正法律案委員会における政府委員の答弁を引用してからこう書いている。

《耕地整理組合は「公法人」か「私法人」かとの質問に対して「個人ノ利益ノタメニ起コス仕事」であるから「私法人」であるとして、私的性格を強調し、「個々ノ人ガ皆寄ッテ相談」をして運営する耕地整理組合と「公共団体トシテノ事業ヲ遂行」する水利組合の組織原理のちがいを指摘するなど、政府は耕地整理事業について、個人が自主的に団体を作り、行うものという姿勢をとっていたのである。》

どのような趣旨でこのような質問が出されたのか明らかではないが、公法人に対して補助金が出るのは問題ないとしても、私法人に対して補助金が出るというのはいかがなものかという問題意識が質問者にあったのではないかと思う。

しかし、おそらく政府には補助を与える基準としての公法人か私法人かという区分についてはあまり意識していなかったと思われる。先に述べたように、政府は私法人である日本鉄道や日本郵船や東洋拓殖会社には積極的に補助しているからだ。

つまり、政府が耕地整理事業に補助金を出すのに積極的でなかったのは、耕地整理組合が私法人であったからという理由ではなく、補助金の支給先が府県や農会にとどまらず任意の組合にまで拡がっていく。それがひいては農家一戸にまで及んでいくことを危惧したからではないか。

当時の政府はもちろん、後に問題になる農家への戸別所得補償制度を見通していたわけではない。しかし、補助金の支給先が際限なく拡がっていって、やがては国家財政の負担となるような補助金の制度にいきつくかもしれないという漠然とした不安を、耕地整理事業補助金に感じていたかもしれない。

さらに長妻は「以上のような政府の補助金支出の限定性に比較して、融資に関してはある程度積極的であった」と続けている。

耕地整理事業に融資したのは勧業銀行や各府県の農工銀行であった。補助率が１００％に満たない場合、不足分を低利の融資で補うというのは現在でも行われている手法である。

例えば、先に触れた震災時に行われたグループ補助金は補助率が75％である。不足する25％相当分については「被災中小企業施設・設備支援事業（通称「高度化スキーム」）」という無利子の融資制度を利用できる。

これは中小企業庁が中小企業基盤整備機構に委託するという形式になっている。機構はそこから被害の中心地である岩手県、宮城県、福島県に委託するのだが、各県はさらに融資の妥当性を判断する審査を外郭団体に委託する。

これは審査能力の問題からと思われるが、宮城県の場合は県の外郭団体である「みやぎ産業振興機構」に審査を委託する。最終的に中小企業庁と融資を必要とする被災者の間には三つの組織が介在するので、手続きは煩雑で時間がかかる。例に挙げた宮城県の場合だと申込みから融資実行まで半年はかかる。

私もこの審査事務に従事したが、いったいどのようにしたらこのような複雑な制度を考え出すことができるのだろうかとただ驚嘆するだけだ。

そのことはさておいて、こうした「補助金の不足分を融資で補う」という考え方も、すでに明治期からあったということは指摘しておきたい。

これまで、明治期の補助金には、現在でも指摘されるであろういくつかの問題点がすでに顕在化していたということを見てきた。明治期の補助金の最大の特徴は、それが恩恵的なものであるという意識が支給者にも受給者にもあったということである。しかし、日露戦争後の資本主義の発展がその考え方に修正をせまることとなる。

江戸時代の御普請は文字どおり土木工事のことであるが、明治期に入って河川法など土木事業法令が制定されることにより地方団体等に委任される事務が増大していった。

そして土木だけでなく、義務教育、伝染病予防等の医療関係などの法令が整備され、地方団体の事務が明確になるとともに地方の負担が増大していき地方財政は窮乏化していった。

この解決策として登場してきたのが「国庫負担」という考え方である。

２　大正、昭和期の補助金

国庫負担の概念

社会経済の発展に比例して地方団体の事務量も増大し財政支出も増大していくのだが、従来は、地方の財政支出に対し国が「恩恵的に」援助するという考え方であった。

しかし、日本は大正期に入ると、地方の事務は中央からの委任事務がほとんどなのだから、国も費用を負担して当然であるという考え方が支配的になってきた。

つまり、恩恵とか援助ではなく、国と地方団体が共同の仕事として経費を分担し合う「国庫負担」という概念である。

国庫負担制度がはじめて登場したのは、義務教育費においてであった。先に触れた１９１８（大正７）年の市町村義務教育費国庫負担制度がそれである。当時の地方財政において義務教育費は最大の比重を占めていて、国庫負担の採用は不可避だったのだ。

先に前掲書『補助金の政治経済学』の第１章で「補助金制度はわが国においては１９１８（大正７）年の市町村義務教育費国庫負担制度を出発点としている」とされていることを紹介した。そして第４章では「最初の国庫補助金は１８９４（明治27）年」とされていることも紹介し、矛盾していると私は非難めいたことを書いた。

しかし、補助金を前近代的な恩恵的なものとしてとらえるのではなく、国と地方の費用分担を明確にした制度ととらえれば、１９１８（大正７）年のそれが最初であるということになるだろう。

繰り返しになるが、日本最初の補助金を特定することにそれほどの意味はない。補助金の定義が人によって、その人の問題意識によって異なるからだ。ここでは大正年間にはじめて国庫負担という概念が確立したということだけを強調しておく。そしてそれは、農業分野においてではなく義務教育費という教育分野においてであったということを付け加えておきたい。

これは「御普請」の系譜とは別個の、ある意味では近代的な補助金といえるかもしれない。

その後、１９４０（昭和15）年に義務教育費についての国庫負担制度に改正が行われた。

《その主な改正点は、教員俸給の負担などを従来の市町村負担から財政力により弾力性のある府県に移管したこと、それまでの定額負担でかつ財政力に応じた配分方法を加味したものを実支弁額の２分の１の額の定率国庫負担に改めたことなどである。》（前掲『地方自治全集　補助金』）

しかし、義務教育費以外の行政費については国と地方の負担区分は依然として明確ではなかった。それが法律として明確になるのには太平洋戦争終了後の１９４８（昭和23）年まで待たなければならなかった。以下、前掲『地方自治全集 補助金』から。

《昭和二三年に、地方財政の基本法として地方財政法が制定されるに及び、この国費、地方費の負担区分が初めて法律上において統一的に明らかにされることになった。当時の経費負担区分は現行の制度と異なり、それぞれの事務の利害関係の帰属する度合いに応じて定められた。すなわち、主として国又は地方団体の利害に関係のある事務を行うために要する経費は、それぞれ国又は地方団体がその全額を負担することとし、国と地方団体相互の利害に関係のある事務を行うために要する経費は、国と地方団体がこれを負担し合うものとされ、それぞれの事務の範囲については、地方財政法で例示主義がとられた。》

《なお、補助金についても規定が設けられ、負担金と補助金とが明確に区分されることとなった。すなわち、昭和二三年、地方財政法の制定によって、初めて国費地方費の負担区分が法律上統一的に明確にされたのであり、負担金と補助金の概念を峻別し、補助金については当該経費について国と地方団体が共同責任で分担し合うという趣旨に基づき、その経費の種目、負担割合は、法律または政令で定めなければならないこととされたのであ

る。》

国と地方の負担区分が法律上明確になったということが書いてあるのだが、共同で事業を行うのだから事業経費の負担区分は当然明確にされるべきものである。しかし、国と地方が共同で仕事をするということが、実は当然ではないという考え方もあるということを知っておくべきだろう。

例えば、関西学院大学教授の小西砂千夫は、『新版 基本から学ぶ地方財政』（学陽書房　２０１８年）で、「国と地方は独立した存在でありながら、一定の事務については、共同所管事務のかたちをとっている」と書いている。

小西はそのことが悪いとは言っていない。しかし、「国と地方は独立した存在でありながら」としているので、言外に共同所管事務を行うことへの違和感をにじませている。「違和感」という言葉が強すぎるのであれば、共同所管事務のかたちをとることは「当然ではない」と読めると言っておこう。小西は、生活保護を例にとって説明する。

《生活保護は、いわば近代国家としての根源的なサービスですので、それを国の責任として行うならば、国家公務員によって直接執行するか、少なくとも10分の10の補助率の補助

金を使って、国が自治体に執行を委託することが求められます。》

国の責任として行うサービスであるならば、１００％国の負担とすべきだと小西は言う。もちろん、実際はそうはなっていない。実際は「国と地方の相乗りで一定の役割を果たす融合型事務配分の国」だとして、こう結論づけている。

《わが国の行政体制の特徴は、国家公務員の数が極端に少なく（地方公務員数は特に多くも少なくもありません）、地方自治体を経由して、国民生活を支える根幹的なサービスを提供する形態をとっています。》

日本は先進国のなかでは公務員が多いと私は思っていたのだが、どうもそうではないらしい。公務員の数の議論はさておいて、国家公務員のやるべきことが地方自治体を経由してなされていることが日本の行政体制の特徴なのだ。

ということは、「国と地方は独立した存在」とはいっても、実質的には一体といっても差し支えないのだろう。いや、一体といってもそれは平面的なものではなく、国が地方の上に立つ三角形の「一体」なのだ。この関係は、例えばアメリカとはもちろん異なるものである。

GHQの占領政策

太平洋戦争終結後のアメリカの占領政策は、アメリカの社会経済システムを日本にも可能な限り移植しようという発想に基づいている。日本の社会経済システムが日本を戦争に駆り立てた要因の一つだと考えられていたからだ。

アメリカでは連邦政府と地方政府の関係は対等であって、連邦政府は地方政府の利害関係の調整人にすぎない。権力の中央集中を何よりも嫌悪する。したがって、シャウプ勧告も、ごく少数の国家公務員が多くの地方公務員の上に君臨する日本のピラミッド行政体制に異を唱えることになる。

シャウプ勧告とは、ＧＨＱの要請によって結成された日本の税制を調査する使節団がまとめた報告書による勧告である。

１９４８（昭和23）年に地方財政法が制定され、国費地方費の負担区分が明確になったと述べたが、昭和24年に来日したシャウプ税制使節団の勧告により、この経費負担区分制度は一時適用停止を余儀なくされることになる。

国庫支出金の制度についてのシャウプ勧告は、前掲『地方自治全集 補助金』によれば次のとおりである。

ア　国と地方の責任を混乱させる傾きがあること
イ　中央政府の統制が強まること
ウ　負担率が独断的に定められること
エ　行政の責任の帰属が不明確になること
オ　財政力の異なる団体への補助金が同率であることから、奨励的補助金及び公共事業費補助金以外の国庫負担の制度はこれを廃止すべきこと

アからエまではほぼ同じことで、地方の独立性が失われることを危惧しているのだ。問題は「オ」である。

宮本憲一は前掲『補助金の政治経済学』の「はじめに」でこう書いている。

《三十年以上前になるのだが、一九五〇年代災害復旧の補助金ほしさに、愛知県渥美半島のある村では、こわれてもいない校舎をひきたおしたり、石川県では天狗橋を人為的に破壊したことがある。受領する企業や自治体の側からみると補助金は借金とちがってタダでもらえるので、こういう税金の略奪のような事件がおこるのである。政府は補助金適正化法をつくって、このような汚職を防止しようとつとめている。だが、汚職がないとしても

補助金は「わいろ」的な性格をもっている。**そこで一九五〇年のシャウプ勧告ではこれを全廃しようという方針を示した。**》〈※太字処理は庄司による〉

宮本は、補助金には不正がつきものだからシャウプが補助金を全廃することを勧告した、というトーンで書いているが、アからオまでを見れば、補助金廃止の理由は、補助金をめぐる不正防止よりも、国の地方に対する支配力を弱めることにあったことは明らかである。

もう一つ「オ」から明らかなようにシャウプ勧告では補助金を「全廃」しろとは言っていない。「オ」で廃止すべき補助金とされているのは、現在の地方財政法でいえば第10条に定められている〝経費〟のことだ。

すでに知られていることではあるが、このシャウプ勧告はそのとおり実施されなかったということを記しておかなければならない。

前掲『地方自治全集 補助金』は、シャウプ勧告の実施に伴う「経費の財源は地方行政事務の再配分を実施し、地方税及び地方財政平衡交付金の運用により、十分できると考えた」としてから、こう続ける。

《しかし、その後、行政事務の再配分もまったく見送られることとなり、昭和二八年度からはいったん廃止した義務教育費国庫負担金及び児童保護費国庫負担金が復活されるなど、国庫補助負担金制度の改革も勧告どおりに実現することが困難であることがしだいに明らかになってきたため、この実態に即して昭和二七年度において再び地方財政法が改正され、国費、地方費の負担区分に関する基準が、新しく確立せられることになった。

新しい経費負担区分制度は、従来利害の帰属する度合いに応じて定められていたものを、全面的に改め、地方団体又はその機関が行う事務に要する経費は、その全額を地方団体が負担することを原則とし、その例外として、一定の事務に限り国がその経費の全部又は一部を負担することとされた。》

要するに、いったんは勧告を取り入れる動きを見せたのだが、なぜか「行政事務の再配分もまったく見送られることとなり」、結局は国庫負担区分を再度明確にしただけで、シャウプ勧告はそのとおりには実施されなかった。

その理由は、地方の負担が過大になるという財源の問題ということになっているが、自治庁は端《はな》からシャウプ勧告を無視するつもりだったのではないかと私は考えている。

明確になった国庫負担についてその詳細は地方財政法第十条に定められている。この十条に定められた三十三の項目は「普通経費に対する国庫負担金」と呼ばれる。このほかの国庫負担金については、第十条の二と三で定められている。

また、シャウプ勧告の「オ」でいう「奨励的補助金」とは地方財政法第十六条にかかるものである。

シャウプ税制使節団は、現在の地方財政法に即していえば、第十六条と第十条の二以外の国庫負担はやめろと言ったことになる。ただ、これらの経費が支出されるべきではないとは言っていない、これらの経費は国の援助なしにすべて地方で負担されるべきだと言ったのだ。とにかく地方に対する国の関与をできる限り少なくするというのが彼らの基本的な考え方なのだ。

この勧告を実施するのは不可能ではない。地方に充分な財源を付与すれば可能である。しかし、国は行政事務の再配分を見送り、地方に充分な財源を与えなかった。結果的にはシャウプ勧告は無視されたのである。国の地方に対する権限を奪ってしまうことになるシャウプ勧告は、誇り高き内務官僚には耐えられるものではなかったはずだ。

もちろん、シャウプ勧告はすべて無視されたわけではなく、青色申告制度の創設や直間比率の是正などは実施され、戦後の日本の税制に大きな影響を与えた。

しかし、税制の担当である大蔵省はシャウプ勧告をさほど重要視していなかった。元大蔵官僚の経済学者・野口悠紀雄は『戦後経済史』（東洋経済新報社　２０１５年）で、シャウプ勧告は大蔵省の仕組んだ芝居だと言っている。大蔵省は自分たちのやりたい税制改正のためにシャウプを呼んできたというのだ。

《徴税の運用を緩めるのは、納税者には歓迎されることなのだから、わざわざアメリカ人に頼らなくてもよいはずだと、思われるでしょう。しかし、官庁には、無謬性神話があります。官庁は判断を間違えるはずはない。だから、後になってから「あのときの判断は間違いだった」と思われる場合でも、決してそれを認めない。しかし、方針変更でも、占領軍から言われたのなら、やむをえません。そこにシャウプを呼んで勧告を出してもらう必然性があったわけです。》

要するに、何かあったら、占領軍のせいにしようというわけだ。ドッジもシャウプも官僚の責任逃れに使われたのだ。野口はさらにこう続ける。

《このときに、いまに続く審議会制度の原型が作られました。遂行したい政策を、自分からは決して言わない。学者などを集めた審議会を作り、そこから自分たちが希望する内容の答申を出させ、「ありがたい答申をいただきまして」と押し頂いて、政策を実施するのです。いまの審議会は、黒子丸見え、馬脚丸出しの田舎芝居ですが、ドッジ・ラインや

シャウプ勧告は、プロの演出者によるほぼパーフェクトな名芝居でした。》

ＧＨＱの占領政策は日本国憲法の制定や農地改革など日本の民主主義の確立に大きな影響を与えたのだが、経済システムはほぼ温存されたといってもいい。国庫負担金の問題もそうだが、財閥解体もそうだ。

財閥の解体といってもＧＨＱは財閥を完全に整理したわけではなく、財閥の持株会社を整理したのだ。整理を指示された持株会社のなかにはなぜか銀行をはじめとした金融機関は含まれていなかった。

その後、生き残った銀行の主導によるケーレツ（系列）と海外で呼ばれた企業集団が日本経済を牽引していったことは知られるとおりである。ケーレツは戦前の財閥と基本的には変わるところはない。

ドイツでは大銀行が解体されたのに日本ではなぜ温存されたか。これについては諸説あるが、ＧＨＱはなぜか経済政策には熱心ではなかった、ということを指摘しておきたい。

ドイツの占領政策は軍政要員による直接統治であったが、日本の場合は日本と協議して進めるという間接統治であった。経済問題については、「銀行家のドッジや学者のシャウプに丸投げしていました」と私は拙書『日本の銀行と世界のＢＡＮＫ』で書いたのだが、野口の『戦後経済史』によれば、それは、GHQの主導によるものではなく大蔵省が仕組んだものだったということだ。そしてそれは「パーフェクトな名芝居でした」と野口は書いているが、私はそうは思わない。ドッジの要求、いわゆるドッジ・ラインに当時の池田蔵相は強く反対したが結局はドッジに押し切られてしまう。つまり、大蔵省は芝居のお膳立てはしたが大蔵省の描いた筋書きどおりには劇は進行しなかったのではないだろうか。

しかし、大蔵省の抵抗も実は演技だったと考えられないこともない。与党であった民主自由党の公約であった減税や補給金の増額は大蔵省の望むところではなかったかもしれない。だから与党の公約に真っ向から対立する均衡予算や補給金の全廃などの厳しい要求をドッジが突き付けてくることを最初からわかっていたうえで、実はドッジ・ラインのほうが大蔵省には好都合なのだが、与党、国民に対しては、一応は抵抗しましたよというポーズを示したのかもしれない。もしそうだとすれば、それはやはり野口のいうとおり演技賞ものの「パーフェクトな名芝居」であったかもしれない。

そして、先に野口が指摘した「このときに、いまに続く審議会制度の原型が作られました」という箇所に私は注目する、審議会制度こそが日本の行政システムの特徴の、さらに言えば、日本の社会の特質の一つであると考えているからだ。

役人を除けば、審議会制度が政策決定プロセスに不可欠なものだと考えている人はほとんどいない。むしろ、審議会の委員の人選は官庁の裁量で決めることができるから、恣意的に決定される場合があって、初めから議論の結論は決まっている、審議会そのものも審議や議論をする場ではなく、開催されたということを示すためのたんなる手続きの場になっている、などの批判のほうが圧倒的に多い。

それにもかかわらず、審議会制度が存続し続けているのは、政策に可能な限り民意を反映させる必要がある、高度な専門的知識を有している学者等から意見を聞く必要があるからだとされているが、これらは建前にすぎない。本音は、野口が指摘したように責任逃れではないだろうか。ある政策が誤っていたと批判されたときに、「外部の意見もお伺いしています」と言い訳ができるわけだ。

誰にどのような責任があるのか、それがよくわからないのが日本の役所である。権限と責任は表裏一体のもので、権限のないところに責任は生じない。権限を有する者はその権限を行使した結果に責任をとらなければならないはずだ。しかし、日本の役所では、権限はあるが責任はありませんよと言っているようにしか思えない。

民間企業では役人の世界に比べれば権限と責任の所在は明確である。しかし、それでも経営方針の策定にあたっては、トップダウンよりもボトムアップ方式が好まれる傾向がある。何事も合議制が良しとされるのだ。合議制といえば聞こえがいいが、責任逃れと言えなくもない。

つまり、役所でも民間でも責任がうやむやになる傾向があるのだ。これが日本社会の特質の一つなのだが、審議会制度はこの傾向を助長していることは疑いがない。

また、何事も合議制で進められるということは、日本には「独裁者」がいないということだ。もちろん民間企業のなかには絶対的なカリスマ性を有する経営者はいるが、それはごく少数である。歴史的に見ても日本には外国に見られるような独裁者はいなかった。突出した者は嫌われる。みんなでなかよく、なあなあでやってきた社会なのだ。

それは日本社会の美点であるかもしれない、責任のなすりあいでギスギスする場面は少なくなるのだから。しかし、責任の所在が不明であることは無責任を容認することになりかねない。審議会などで、本当に真摯な議論が行われず形骸化してしまえば、無責任な政策を垂れ流することにもなりかねないし、無用な手続きを踏むことによって政策の迅速な実施を妨げることにもなる。

アメリカにも日本の審議会に相当する連邦諮問委員会がある。連邦諮問委員会にはサンセット条項があって委員会の存続期間が定められているが、日本の審議会にはサンセット条項はないと言っていい。私の知る限りでは、奄美群島振興開発審議会と小笠原諸島振興開発審議会がサンセット条項を定めていた。両者とも存置期間は平成20年度末となっていたが、なぜか今でも存続している。それはともかく、ほとんどの審議会は存続し続けるのだ。ときに整理統合と称して廃止される審議会があるが、同時に名称を変えただけとしか思えない審議会が設置されるから数は変わらない。

いったん確立した行政システムはそう簡単には変わらない。役所にはあるシステムが不要になったかどうかを自ら判断する姿勢が欠如している。そのような姿勢が補助金の評価など補助金に関する政策に影響を及ぼしていることは否定できないだろう。

いずれにしても、占領政策における日本とドイツの差は、最高司令官であったマッカーサーの姿勢によるものではないかと私は考えている。

国際政治学者・西鋭夫によればトルーマンが承認した「軍政基本指令」に「貴下（マッカーサー）は、日本の経済復興または日本経済の強化に何らの責任も取らなくてよい」という一文があるという（『國破れてマッカーサー』中公文庫　２００５年）。

「アメリカ政府は、日本の食うや食わずの自給生活により、日本帝国の内部崩壊が早められ、日本民主化が促進されると期待した」と西は書いているが、マッカーサーもそう思っていたかどうかはわからない。いずれにしても、日本の占領政策についてはことごとく本国と対立していたのだけれども、経済問題にあまり関心がなかったマッカーサーにとっては、「日本経済の強化に何らの責任もとらなくてよい」という「指令」には異議を唱えなかったはずだ。そのようなマッカーサーの姿勢は大蔵官僚にも旧内務官僚にも好都合だった。

内務省は解体され、高文は廃止されたものの国家公務員試験と名を変えただけで、少数のエリートが支配する戦前の官僚体制は維持された。そしてその官僚が地方自治体を統制する最も有力な手段である補助金もまた大きく変化することなく維持されたのだ。

変えられなかった社会構造

ＧＨＱも官僚システムを大きく変えられなかったのは当然のことだ。どんな強権をもってしても国家の成り立ちという歴史までも変えてしまうことはできない。

アメリカ経済研究者の楠井敏朗は『アメリカ資本主義と民主主義』（多賀出版　１９８６年）でアメリカの「草の根民主主義」についてこう書いている。

《大塚久雄が問題にし続けたように、「アメリカ型」と「プロイセン型」の二つの「資本主義」の発達は、それに伴って成立して来る「市民社会」のあり方を、したがって「民主主義」のあり方を全く異なって規定することになった。公式的に云えばこうである。「アメリカ型」では「市民社会」と「国家」は分離しない一元的関係に立つ。国家権力は「市民社会」の利益に沿って制約され規制されるという意味で、これと一元的関係に立つ。「プロイセン型」では、「国家」は「市民社会」の上部に聳え立ち、「市民社会」を構成する諸利害の調整者として現れる。―要するに「アメリカ型」では「民主主義」は「草の根民主主義」として機能して来たのに対して、「プロイセン型」では「民主主義」は国家権力によって「制度」として与えられ、「市民社会」の構成員の利害調整のための法的・制度的基準にすぎなかった―と。》

楠井は日本がプロイセン型であるとは言ってはいない。楠井はここで日米の社会システムの比較をしているわけではなく、アメリカ資本主義の分析にあたって、日本の代表的経済史研究者である大塚の提唱した資本主義先進国と後進国という二類型の相違点を明らかにすることによって資本主義経済の本質に迫るという手法が有効である、ということを言っている。

最近は「先進国」「後進国」という区分をせず、世界全体を一つの経済システムとみなす「世界資本主義」あるいは「世界システム」論が有力となっているが、楠井が、「『プロイセン型』では、『国家』は『市民社会』の上部に聳え立」つと書いていることに注目したい。

楠井は日本がプロイセン型であるとしているわけではないが、アメリカ型でないことは確かだから、大きく二つに分ければプロイセン型になるだろう。

そしてＧＨＱの大改革によっても、当然のことであるが、日本社会がアメリカ型の「草の根民主主義」に変わったわけではなく、国家は「お上」として市民社会の上部に聳え立つという構造には変化はなかった。

戦後の大改革によっても「お上」は依然として「お上」であって、「お上の」恩恵としての補助金に大きな変化はなかったのだ。

農業補助金、バブルの後始末

戦後の補助金について特筆すべきことは農業、特に米に対する補助金についてだろう。

農業補助金が膨大に増加したとか、性質が大きく変化したとか農業補助金そのものについてではない。農業補助金がなにかとマスコミ等に取り上げられることが多くなり、その結果、補助金全般について補助金とそれにまつわる問題がクローズアップされるようになったということだ。

例えば、１９５６（昭和31）年に新聞に大きく取り上げられた多久島事件。これは農林事務官・多久島貞信（当時26歳）が1億円もの公金を横領した事件である。

この事件については、後の「補助金の倫理」で詳しく触れるが、当時としては一個人の横領した金額の多さもさることながら、農林省と茨城農共連の確執を通じて補助金の複雑な仕組みを世に知らしたことや、補助金が無駄遣いされているのではないかという懸念から出る補助金の必要性の議論などが活発になる契機の一つとなった事件といえるだろう。

ただし、このような横領事件は補助金の問題の本質とは関係がない。最も重要な問題は戦後のＧＡＴＴ（関税貿易一般協定）の多角的貿易交渉において、農産物の自由化という避けてとおることのできない問題が生じたことである。

特に１９８６（昭和61）年からウルグアイで開始された貿易交渉、いわゆるウルグアイ・ラウンドは、交渉の難航が長期化したこともあってマスコミで大きく取り上げられ注目を集めた。「日本はウルグアイ・ラウンド以来６兆円をコメにつぎこんだ」と言われており、投入した金額の効果はあったのか、つまり国家として農業をどう考えるかという難しい問題を改めて提起することとなった。

この問題に対して明確な回答を示すことは困難で、現在も問題は棚上げになったまま農業補助金は綿々と続いている。

また、農業補助金という言葉が出てこなくても実質は農業補助金であったという事例もある。元農水省官僚で農政アナリストの山下一仁は前掲『農業ビッグバンの経済学』でこう書いている。

《一九九〇年代半ばの住専問題は、農協の脱農化が引き起こした事件だ。総量規制の対象外だった農協資金が、不動産投機のための銀行の子会社だった住専に流れ、住専の経営が

> 行き詰まった結果、多額の不良債権が明るみに出た。当初の住専処理案では、六・四一兆円の損失に対し、農協の負担額は一・二一兆円だったが、農協は政治力を発揮して負担を五三〇〇億円に減らし、不足分六八〇〇億円に住専処理機構運営費五〇〇億円を加えた額を公的資金で穴埋めすることにした。住専設立母体行は三・五兆円の貸付債権を全額放棄し、一般銀行も一・七兆円の貸付債権を放棄したのに対して、農協系金融機関は元本の九割を回収することに成功した。》

「農協系金融機関」とは農林中央金庫と信用農業協同組合連合会である。数字の関連がわかりにくい記述になっているが、要は農協系金融機関が政治力を発揮して不良債権処理にあたっての損失を最小限にした、ということだ。

ここで山下は農協の「脱農化」を批判している。農協は農業の振興から離れ、不動産投資銀行と化し利益を上げた。「農協は表向きは経済界を敵視するが、実際には経済界に寄生している存在である」と手厳しい。

山下は「脱農化」の例として住専処理の問題を取り上げているのだが、農協系金融機関の不良債権処理の穴埋めに公的資金が使われたことは、農林省が大蔵省から補助金を引き出したことと同じだと言える。

実質的な農業補助金、しかもかなり多額の農業補助金と言えよう。ただし、農業の振興とは直接には関係がないから農業補助金ではなく、農林省所管の補助金と言いかえてもいい。

最近の財務省はそうでもないが、以前の大蔵省は農林省の予算要求の査定には甘かった。それは自民党の議員の多くが農村を地盤としていたことを背景とする政治力によるものだが、この住専処理問題はその政治力の大きさが示された事例である。

ところで山下は、「住専問題は、農協の脱農化が引き起こした事件だ」と書いている。農協の肩を持つつもりはないが、これは言い過ぎだろう。

そもそも、住宅金融専門会社は大蔵省主導によってつくられたものだ。銀行は個人の住宅のローンのような手間がかかるわりには利益の少ない小口融資には消極的であるから、大蔵省が大手銀行に出資させて住宅ローン専門の会社をつくった、ということになっている。

しかし、そのために住宅金融公庫が設立されたのだから住専の必要性には疑問を感じる。大蔵省の天下り先の確保という意味もあったかもしれない（住宅金融公庫の総裁は建設省か自治省の出身であった）。

それはともかく、住宅金融公庫との競合や小口融資に消極的であったはずの銀行が個人の住宅ローンも手がけるようになって、住専各社は法人向けのローンも扱うようになった。

そして、農協系金融機関から住専への資金提供が増加していく。ピーク時には住専7社の総資金量の44%は農協系金融機関によるものだったと言われている。

山下が「住専問題は、農協の脱農化が引き起こした事件だ」と書いたのは、この農協系金融機関の住専への過大な投資のことを指していると思われる。

しかし、なぜ農協系金融機関が住専に5兆円にものぼると言われる多額の資金をつぎ込むことになったのか。このころの住専は母体行から優良とはいえない顧客を押しつけられ経営が厳しくなっていたことは、農協系金融機関も知っていたはずである。

にもかかわらず住専に投資することになったのは大蔵省の策略だったという人もいる。下世話な言い方をすれば「農協はハメられた」ということになる。運用先をさがしている潤沢な農協マネーに大蔵省が目をつけたというわけだ。

確かに、大蔵省銀行局が「母体行は農協系金融機関に迷惑をかけない」という念書を母体行に書かせたということはあったようだ。農協系金融機関としては、たとえ住専が破綻したとしても、この念書があれば投資額は回収できるだろうと考えたかもしれない。

最終的には農協系金融機関の損失額は最小限で済んだのだが、その過程でもしあの念書がものをいったとすれば、農協は「ハメられた」ことにはならない。いずれにしても住専問題には不明なところが多い。

だいぶ住専問題にスペースを割いたが、それはこの問題は補助金の問題を考えるにあたって重要なポイントであるからだ。

一つは農協マネーがいかに膨大なものであるかが広く知れ渡ったこと、そしてそのような組織に補助金を投入する正当性はあるのかという議論が出てきたこと。

もう一つは、住専問題はその後に本格化する銀行の不良債権処理問題の端緒となったということだ。

北海道拓殖銀行の破綻は北海道経済に深刻な打撃を与えたが、ほかの銀行もバブルの崩壊により増大した不良債権の処理に苦悩していて、さらに破綻する銀行が出てくれば日本経済は混乱する懸念があった。

そこで金融システムの安定を図るためという理由で、銀行に12兆円にのぼる「公的資金」が投入された。

こうした１９９０年代後半の銀行への公的資金は、金融機能早期健全化法や預金保険法に基づくものであり、かつ大部分の銀行は返済していることから、厳密な意味での補助金ではない。しかし、当時、経営の失敗した銀行をなぜ税金を使って救済するのか、なぜ銀行だけが優遇されるのかという議論が巻き起こったことは記憶に新しい。

公的資金は補助金とは区別されるものではあるが、「税金を使う」のは同じだ。公的資金は広い意味での補助金なのだ。バブルの後始末に公的資金が使用されることについて議論することは、一般的な補助金の支出の正当性について議論することと大差はない。

その議論は後に譲るとして、ここではバブルの後始末に公的資金を使用するかどうかという議論は、1990年代後半の不良債権処理問題が最後ではなく、今後も類似のケースは起こりうるということを指摘しておきたい。

バブルの発生は、規模の大小を問わなければ、資本主義経済システムに内在するものであり避けられないものであるからだ。そして、どうもこれはバブルではないかと思ってもブレーキをかけることはできないということを、17世紀のオランダのチューリップ・バブルや18世紀のイギリスの南海泡沫事件を調べるまでもなく、昭和の終わりから平成の初めにかけてのバブル景気をとおして経験的に知っている。

なぜ、ブレーキをかけることができないのか。それはバブルの真っただ中にあっては、それがバブルだと認識できないからだ。

「バブルは、はじけた後でバブルだとわかる」と言ったのは、確かガルブレイスだと思ったが、はじけなければバブルだとはわからないし、はじけなければ、それはバブルではない。

先に書いたとおり、私は国民金融公庫（現日本政策金融公庫）に勤務していた。昭和の終わりから平成の初めにかけてのバブル景気の真っただ中、私は東京都内の支店に勤務していて、不動産価格の急上昇の恩恵を享受した。

そのときはもちろん、それがバブルだとはわかっていない。当時私は債権管理を担当していた。無剰余却下となっていた物件を再度競売にかけて全額回収したことがある。といっても、金融機関の人以外には何のことかわからないだろうから具体的に説明しよう。

このようなケースである。公庫が融資していたA社が倒産し、A社に対する貸付金は返済がストップしてしまった。そこでやむをえず抵当権が行使されることになった。

そのA社に対する融資にはA社の社長が個人保証をしており、かつ社長のマンションが担保として提供されていた。

マンションの競売を申し立てたところ、先順位に某銀行の住宅ローンがついていてマンションの価値が低いので、売れたとしてもすべてその住宅ローンに充当され、後順位の抵当権者は競売申し立ての利益がないとされて、競売申し立ては却下されてしまった。

これが「無剰余却下」だ。担保権も実行できず回収の手段が断たれてしまったので、この債権はいずれ償却するしかなかった。

私は、いわば塩漬けになっていたこの案件に目をつけた。最近は都心のマンションの価格が急上昇しているので、今度は売れるかもしれないと考えた。

再度競売の申し立てをしてみると、私の目論見どおり、マンションは高値で売れ、貸付金は遅延損害金まで含め全額回収できたのだ。それどころか剰余金まで発生したのである。

剰余金は当然Ａ社の社長に返却される。私は社長に感謝された。社長にしてみれば、住宅ローンも保証していた会社の債務もきれいになり、そのうえおつりがきたのだから嬉しかったのだろう。

担保物件を処分して債務者から感謝されたのはこのケースがはじめてだった。普通は罵声を浴びせられる。差し押さえをして債務者に感謝されるはずはない。

それが異常であることに気がつかず、いい時代になったと能天気に仕事をしていたのだから、自分の不明を恥じるばかりだ。しかし、バブルであることに気がついていなかったのはもちろん私だけではない。

当時は都市銀行といったメガバンクも、必ずもうかるからと、裕福な個人客に賃貸マンション、アパート経営を勧め、多額の資金を貸し付けた。その結果がどうなったかはここに書くまでもない。

銀行は公的資金を受けて立ち直ったが、銀行の誘いにのって損失をこうむった銀行の顧客それぞれに、もちろん補助金は出ていない。

繰り返しになるが、バブルは今後も発生しうる。その後始末に公的資金を投入すべきかどうかの議論がまたわき起こるであろう。

3　まとめ

話があちこちに飛んでしまい、論点が散漫になった感があるので、このあたりで「第1章補助金の歴史」を終えることとし、この章の要約をしてみたい。

○明治期の補助金は、資本主義経済システムが導入されたにもかかわらず、封建時代の領主による「御普請」の性格を色濃く残していた。
○そして、現代の補助金制度でもしばしば問題となる、大蔵省とその他の省庁との補助金をめぐる駆け引き、補助金の個別企業への支出、補助金の不正使用などの問題が明治時代から顕在化していた。
○大正年間に、義務教育費において、はじめて国庫負担という概念が確立する。近代的補助金のスタートともいえる。
○太平洋戦争後、日本の社会経済システムは大きく変化したが、戦前の官僚システムが温存されたこともあって、補助金制度は基本的には戦前と大きく変化することはなかった。
○戦後は、特に農業補助金がマスコミに取り上げられるようになり、農業補助金の支出の正当性、妥当性が議論されるようになった。

○住専処理問題をスタートとする銀行の不良債権処理問題を通じて、私企業に公的資金を投入することの是非が議論されるようになった。

第2章　補助金の論理

1　定義と分類

この章では、補助金は整理できるのか、補助金が支出される妥当性はあるのかなどの問題について述べていくつもりであるが、その前にこれから取り扱う補助金のカテゴリーを明確にしておきたい。

まず、非常におおまかな補助金の定義をしておく。経済学辞典や補助金についての本に記述されている補助金の定義をまとめてみるとだいたい次のようになるだろう。

国または地方公共団体が、一定の行政目的を達成するため、公共団体、経済団体、企業、私人に対して、反対給付を受けることなく、一方的に支出する現金給付をいう。

法令または予算で補助金と呼ばれているものが補助金である、と言ってしまえば簡単だが、補助金と呼ばれていなくても、例えば「○○補給金」や「○○奨励金」、「○○交付金」など、どう見ても補助金と呼ばれているものとまったく同じものが多数存在するので、このように定義せざるをえないことになる。

もう一つやっかいなのは「反対給付を受けることなく、一方的に支出する」をどう見るかだ。例えば、国庫支出金は国から見れば補助金であるが、受け取るほうの地方公共団体がその補助金を支出する立場でみれば、ほとんどは非移転的支出なので補助金とはいえなくなる。「移転支出」あるいは「移転的支出」は財政学でよく使用される用語だ。イギリスの経済学者ピグーが財政支出を、反対給付を受けない年金や補助金のような支出を「移転支出」、反対給付を受ける支出を「非移転支出」と区別した。

地方公共団体の側からすれば非移転的支出だという例を挙げよう。地方財政法第十条、国庫負担となる33項目の最初に「義務教育職員の給与」というのがある。

つまり、小中学校の教師の給料であるが、地方公共団体は、言うまでもないことだが、「何もしなくていいですよ」といって給料を出しているわけではない。「給料を出すから授業などの教師としての仕事をしてください」と反対給付を求めているのだ。国は地方公共団体に反対給付を求めてはいないが。

ただし、定義の一字一句にこだわってもあまり利益はないので、行政実務において補助金の定義について頭を悩ますことはほとんどない。

例えば、前掲の『地方自治全集 補助金』では「補助金の定義」というセクションはないし、補助金とは何かという説明はない。しかし、補助金をめぐる問題について論ずる場合は、定義がおおまかであると人によって補助金のイメージが異なることがあり、何が議論の対象となっているかなど論点が明確でなくなるおそれがあるかもしれない。

ただ、その場合でも重要なのは定義よりも分類だろう。そこで以下では、便宜上、補助金を大きく二つに分けることにする。いろいろな分類基準があると思われるが、ここではこれからの議論の便宜上、〝支出先〟で分類する。

以下では、国から地方公共団体に支出されるものを「補助金A」、国または地方公共団体から民間に支出されるもの、つまり政府部門から非政府部門に支出されるものを「補助金B」と呼ぶこととする。

2　補助金の必要性、正当性

補助金の弊害

次に、よく言われる補助金の廃止、整理などの問題について考えてみたい。

シャウプ勧告が一つの契機になったと思われるのだが、戦後、補助金は可能な限り整理されるべきだという論調が主流になっている。それはなぜか。補助金制度に伴うさまざまな弊害が指摘されるからだ。

前掲『補助金制度論』の「補助金制度管見」で萩田保は11の弊害を指摘しているので紹介しておこう（ただし、萩田の記述そのままではなく私が要約したものであることをお断りしておく）。

(1) 使途が制限されるので地方公共団体の自治権は損なわれる。
(2) したがって国の地方団体に対する干渉をおこす。
(3) 基準や使途を国で決めているから必ずしも地方の実情にあうとは限らないし、経費の効率的使用ができない。
(4) 補助金をもらうための事務分量が大きくなる。
(5) 補助金につきものである陳情運動の経費がばかにならない。
(6) 補助金の不正使用
(7) 経費膨張の最大の要因
(8) 財政の制約からすべての要求を満たすことができず、ばらまき主義、総花主義となり、必要経費にみたず効果が上がらない。
(9) 自己負担を忘れて補助金の獲得運動に走ることになり地方財政が乱れる。
(10) 補助金の単価、対象が国の基準で定められているので地方の実情にあわない場合がある。

（11）交付税とちがって一律に交付されるので、財政力のあるところにも交付され、財政上のロスがでる。

これは１９５７（昭和32）年、いまから50年以上前に書かれたものであるが、この弊害は現在でもほとんどが解消されていない。補助金をめぐる問題の解消は前進しているとは言えないのだ。

萩田は地方財政審議会委員としてこれを書いているので、ここでいう「補助金」は言うまでもなく「補助金Ａ」である。

補助金Ａはなくならない

萩田のいう弊害は、（６）を別にすれば、地方自治と財政の効率性にかかわるものの二つに分けられる。この二つは表裏一体なのだが、あえて別個に言えば、地方自治に関する弊害はまず解消できないであろう。

「補助金の弊害」というのだから、補助金が一切消滅してしまえば弊害もなくなるはずだ。しかし、仮に補助金が全廃されたとしても、萩田のいう（１）と（２）の弊害はなくならない。自治権の侵害とか干渉は補助金があるから発生するのではない。補助金は干渉の手段であり、まず干渉ありき、なのだ。したがって、本当の意味での弊害は実は（６）しかないのだ。

これについては次章で詳述するが、ここでは学者の見解を一つ紹介する。前章において、宮本憲一が『補助金の政治経済学』で補助金をめぐる汚職に触れ、「そこで、１９５０年のシャウプ勧告ではこれを全廃しようという方針を示した」と書いたのを紹介した。宮本はその後にこう続けている。


《しかし、補助金は、計画を決定し支給する中央官庁にとっては地方自治体を統制する最も有力な金づるでもある。これがいかに問題点が多くてもやめることができない。》

宮本のいうとおり、いくら問題点があっても補助金は、補助金Ａはなくなることはない。補助金Ａがなくなることは中央官庁が地方自治体を統制しなくなるということである。もちろん１００％ありえないとは言えないが、おそらく現在の中央官庁と地方自治体の力関係が逆転する、あるいは対等になることはないだろう。

そもそも、「地方自治体」というが日本には昔から現在に至るまで完全な地方自治など存在しなかったといっていい。

国によってつくられた地方

前掲書『新版 基本から学ぶ地方財政』には、このような記述がある。

《一般には、地方自治を担うという意味で、地方自治体といういい方がありますが、法律的には地方公共団体と呼ばれます。地方公共団体は、法律的には国が設置したという位置づけです。》

つまり、日本の地方公共団体は国によってつくられたのだ。日本国憲法には地方自治の規定があり、それに基づいて地方自治法が制定されているが、アメリカは逆である。自分たちで市や町をつくり、それが州、国家の構成要素になった。

アメリカ合衆国憲法には地方自治の規定はなく、日本の地方自治法のような一律に地方自治を統制する法律は存在しない。各州が州の法律に従って地方自治を進めている。

州の下に郡（カウンティ）があるが、郡は地方自治体ではなく、州の出先機関である。郡の傘下に、ミューニシパリティ（日本の市町村に該当する）、タウンシップ（18世紀から19世紀にかけてアメリカ西部で施行された土地区画制度。北海道の屯田兵村に近い）、学校区、特別区がある。ミューニシパリティ以下が地方自治体であり、自発的につくられたものだ。

アメリカでは、ある地域の住民が郡の行政サービスに飽き足らず、それ以上のサービスを求め、自分たちでそれを実現しようと自ら自治憲章を制定し、州がそれを認定すれば市や町ができる。

その際、日本のように3万人以上の人口を有しないと市として認められないということはないので、人口数百人の市もアメリカには存在する。一方で、地方自治体の存在しない地域もある。そこの住民は郡から直接サービスを受けることになる。

とにかく、アメリカでは住民が自由に地方自治体をつくるのでその数は非常に多い。総数は約８万７０００と言われる。日本の地方自治体は、約１８００なので桁違いに多い。

日本では平成の大合併と言われたほど地方自治体の合併が行われたが、それはもっぱら財政的な理由による。国の財政には限りがあるのだから支出する補助金は少ないほうがいい。日本の地方自治体の数は今後減少することはあっても増加することはないだろう。

他方、アメリカの地方自治体の数は横ばいで推移するだろう。アメリカ国民の約2割はどこの自治体にも属していないので、その人たちが新たに自治体をつくる可能性があるし、既存の自治体が破産して解散するかもしれないからだ。

司法の国アメリカ、行政の国日本

アメリカの破産法には第９条に地方自治体の破産の規定があり、アメリカの地方自治体は企業と同じように破産できる。日本の破産法や会社整理法が対象としているのは個人や企業であって地方自治体は含まれていないので、日本の地方自治体は破産できないのだ。

ただし、地方自治体が破産できるのはアメリカだけであって、他のどこの国にも地方自治体の破産制度はない。アメリカが特殊なのだ。

日本では地方自治体の財政が厳しくなると、準用財政再建団体となって総務大臣の下で、つまり行政的手法で再建が進められるが、アメリカでは破産法第９条の規定に基づき裁判所の下で、つまり司法的手法で再建が進められる。アメリカは徹底した司法優先の国である。

それはアメリカという国の成り立ちによるものだと法学者・阿川尚之は言う。彼は『世界標準で生きられますか』（徳間書店　１９９９年）の「問題が起こる前に行政府が裁量を働かす日本と、事後に法的処理をするアメリカ」というセクションでこう述べている。

《要するに問題が起こらないように予めさまざまな配慮をして法律をつくるのが行政を中心とする日本のシステムで、何でもやらせておいて、もし問題があったら後で処理するのが司法を中心とするアメリカのシステムだと。

そういう違いは、国の成り立ちと非常に関係があります。日本の場合は、明治維新のときに、欧米で国民国家という新しいタイプの国がかなり完成していたため、何が何でも同様の体制にしなければと、あわてて列強先進国にならった中央集権的な国づくりをやった。国づくりもキャッチアップだったわけです。とにかく必死になって中央政府をつくった。本当に機能するかどうかは別問題だったから、うまくいかないすき間の部分は全部官僚の裁量で決めていったのが日本ですね。これに対してアメリカは、裁判所やタウンミーティングなど地方地方の自治から出発して、そこでは解決できない問題をだんだん中央に移していった。そういう国の成立の仕方の違いがあるような気がします。》

アメリカはピューリタンが入植するまでは、先住民はいたもののまったくの未開の地であり、当然役所などはなかったので、行政は存在しなかった。それぞれの地域のコミュニティは、当初はもめ事を自分たちで解決するしかなかったのだ。したがって、司法優先であり、行政は後づけであった。

では、日本は徹底した行政国家であるかというとそうともいえない。徹底した行政国家としてアメリカの対極にあるのは、おそらくフランスであろう。日本はアメリカとフランスの中間にあるといえる。

日本の法体系について考えてみよう。戦前の日本は大陸法の考え方を取り入れていたが、戦後は英米法の考え方をかなり取り入れた。と書くともっともらしく聞こえるが、ことはそう単純なものではない。実は、戦前からすでに双方の特徴を兼ね備えた独自の法体系になっていた。例えば、英米法の陪審制は、戦前の１９２８（昭和３）年に導入されている。

ただ、これも１９４３（昭和18）年に施行停止されている。その理由は、太平洋戦争という非常時で制度の維持が困難になったからだと思われるが、根底には、やはり英米法の考え方には馴染めない、肌に合わない、ということもあったと思う。

しかし戦後は、英米法の考え方を取り入れざるをえなくなり、明治憲法時代の行政裁判所は廃止されることになった。アメリカのように、行政事件についても通常の裁判所が裁判するというシステムになったのだ。

ところが、これもまた単純な話ではない。アメリカのようになんでも民事訴訟法でやるかというとそうではなく、行政訴訟と民事訴訟は違うということで、民事訴訟法のほかに「行政事件訴訟法」という特別の法律を整備した。

最高裁判所判事も務めた法学者の藤田宙靖はこの行政事件訴訟法について『行政法入門』（有斐閣　２０１６年）でこう言っている。

《この法律によって定められているいろいろな制度は、日本国憲法が司法国家制度のモデルとして強い影響を受けたアメリカの法制度よりもずっと、こんにちでも行政裁判制度をもっているドイツやフランスなどの行政訴訟制度によく似ているのです。こういったわけで、わが国の現在の行政訴訟制度は、諸外国にくらべてもすこぶる特徴的なものを持っているのだ、ということになりますし、また、それだけむずかしい問題をかかえているのだ、ということにもなるわけです。》

藤田は、日本では行政裁判所はなくなってアメリカ型になったように見えるが、日本の行政訴訟制度は実はアメリカよりドイツ、フランスに近いと言っているのだ。行政訴訟に限らず、日本の法体系は英米法と大陸法の混じりあった独特の体系だ。

アメリカの大統領の前職を調べてみると、司法優先の国であるから弁護士であった人が多い。歴代の大統領44人のうち26人が、つまり半数以上が弁護士である。最近の大統領ではクリントンやオバマが弁護士であった。

これに対して、行政国家フランスの大統領はフランス国立行政学院というエリート官僚の養成校出身者が多い。第五共和制になってから、つまりフランス国民の投票による直接選挙で選ばれた大統領のうち、ド・ゴールは軍人で次のポンピドーは教員であったが、その後の大統領、ジスカール・デスタン、シラク、オランド、マクロンは、つまりミッテランとサルコジ以外は行政学院出身者である。

日本はどうかというと、歴代の内閣総理大臣で弁護士であったのは片山哲と鳩山一郎の二人だけだ。あとは軍人か官僚、二世、職業政治家である。

このように、国のトップを見ても日本はアメリカとフランスの間だ。日本はアメリカのような徹底した司法優先の国でもなければ、フランスのような徹底した行政国家でもない。

補助金は行政的なもので、補助金と行政はほぼイコールである。日本で補助金をめぐる問題がしばしば取沙汰されるのは、いちおうは行政国家でありながら司法国家であるアメリカの考え方が一部取り入れられているからだ。

アメリカ人であるシャウプは、補助金は原則廃止だとした。おそらくシャウプはアメリカの社会経済システムが最良だと思っていた。ドッジもそうであったと思う。ドッジは銀行家でシャウプは学者という違いはあるにしても、二人とも自分たちのやり方がベストだと思っている。

そしてここが問題なのだが、アメリカ人のアメリカ人たるゆえんで、自分たちのやり方を他国にも押し付けるのだ。

作家・曽野綾子さんが言っていたことなのだが、キリスト教では善行を一人でやってはいけないのだそうだ。良い行いは自分で独占せず、ほかの人にもやらせてあげないといけないのだそうだ。

私はその話を聞いて２００１（平成13）年から２００８（平成20）年までアメリカから日本に対して送られてきた「日米規制改革及び競争政策イニシアティブに基づく要望書」を思い出した。アメリカの要求の目玉は郵政事業などの民営化であったが、不思議なものもあった。法科大学院の設置や裁判員制度がそうだ。

それが規制改革と競争政策にどんな関係があるのか。それを日本に導入させてアメリカはどのような利益をえるのだろうか。単に自分たちのシステムはいいのだから日本も取り入れなさいと言っているだけではないのか。当時はまったく理解できなかったが、曽野さんの話をきいて、なるほどそうだったのかと思った。

もちろん、あの年次改革要望書はアメリカの国益を考えた通商政策であるが、根底にはキリスト教の精神があるのかもしれないと思ったのだ。「私たちのシステムはいいのだから独り占めしてはいけない。日本にも採用させてあげよう」というキリスト教徒の精神が。

キリスト教と資本主義の関係は別の機会に論ずることとして、補助金の話に戻ろう。

シャウプは自国のやりかたがベストだと考えて原則補助金は廃止だとしたが、シャウプは日本の「地方自治」を理解していなかった。つまり、国と地方の関係を理解していなかった。

理解していれば補助金を全廃できると考えるはずがない。あるいは理解はしていたが、補助金を廃止することにより日本でも真の地方自治に、アメリカ合衆国のような地方自治に一歩近づくことが可能だと考えたのかもしれない。

アメリカにも補助金はある

トランプ大統領がメキシコとの国境への壁の建設費を予算に盛り込もうとしたが民主党が拒否。予算が成立せず、政府機関が２０１８（平成30）年暮れから２０１９（平成31）年初めに閉鎖されるという事態になった２０１９年1月9日（現地は1月8日）、アメリカＡＢＣニュースはこのことに言及して、政府機関の職員が無給で働いている、農家も補助金（ＳＵＢＳＩＤＹ）をもらっていないと報じた。

アメリカも農家に補助金を出しているのかと意外に思われた方もいるかもしれないが、アメリカの農業補助金には古い歴史がある。

前掲『補助金の政治経済学』には「連邦補助金は前世紀末に主として農業分野における小規模な補助金として生まれた」という記述がある。この本が出されたのは20世紀であるから、ここでいう「前世紀」とは19世紀のことだ。

この「小規模な補助金」はその後、アメリカの主力輸出品である大豆、小麦、綿花などの農産物に対する輸出奨励金として大規模なものとなっていく。

ところで、連邦補助金は19世紀末に生まれたとする『補助金の政治経済学』の記述には異を唱える人がいるかもしれない。１８６９（明治２）年に完成したアメリカ大陸横断鉄道の敷設にあたっては、連邦政府から補助金が出ているからだ。

平地は一マイルあたり一万六千ドル、山岳地帯は四万八千ドルの補助金が出た。それでセントラルパシフィック鉄道会社やユニオンパシフィック鉄道会社は、自分の路線を少しでも長くしようと競争した。多くの補助金を得るために平地を山地と偽って申告した例もあったようだ。

補助金はなぜ必要か、行政学的回答

このように、日本に限らずアメリカでも補助金の不正受給はあるようだ。おそらく、世界中どこでも補助金をめぐる不正は発生するのだろう。それについては次章で詳述したい。

そして、補助金はないほうが望ましいという思想の本家本元のアメリカにも補助金があるということは、おそらく世界中どこにでも補助金はあるはずだ。このことは「補助金は必要である」ということの証左なのだろうと思われる。

では、なぜ補助金は必要とされるのか。前掲『補助金制度論』の「補助金制度管見」で萩田は、補助金が必要な理由を二つ挙げている。

《第一に、現在のように税源が地方的に偏在している情勢の下においては、地方税では、各団体が、必ずしも、その経費を賄うに必要なだけの収入を上げることができない。故にそのような経費のために必要な財源の全部又は一部を国庫から補助金として別途交付する必要がある。これが、第一の理由である。しかし、そのような国家的な事務についての財源として附与するという点からは、地方税だけでなく、現在のように交付税制度の存在するときには、補助金の存在理由は薄くなるのであるが、次に第二の理由がある。それは、財源を地方税でも、交付税でも、一般財源として与えると、地方団体は、それを、必ずしも、その行政に使うことを好まないで、他の使途に当ててしまうから、結局、そのような国家的事務について、国の要請するような内容が確保できない。故に、与える財源を補助金という、使途を国が制限することのできる方法で与える必要があるということである。》

これを私流に翻訳するとこうなる。

1、財源が豊かな地域と財源が乏しい地域で行政サービスに差が出るのは望ましくないので一定の行政サービスの水準を保つためには補助金が必要である。

2、中央が地方をコントロールするためには補助金が必要である。

萩田の回答は、いうまでもなく補助金Ａの必要性に対する回答である。そして、行政学的回答であるといえる。この回答を理論経済学者が、特にアメリカの理論経済学者が検討したら、補助金の必要性の根拠は乏しいという結論を出すかもしれない。

アメリカのように、連邦政府は州政府と対等であり、連邦政府が州政府の上にそびえ立つものではなく各州の利害関係の調整人として出現するのであれば、連邦政府が州政府をコントロールすることはない。州ごとに法律が異なり行政サービスも異なるが、連邦政府が全州一律の行政サービスを要求することはない。

日本は端から補助金Ａが必要な仕組みになっているのだ。やや意地悪な見方をすれば、萩田の回答は補助金が必要な仕組みになっているから補助金が必要だと言っているに等しく回答になっていない、といえるかもしれない。しかし、萩田の回答は、おそらく行政学的な視点からは模範的な回答なのだろうと思われる。

補助金はなぜ必要か、経済学的回答

では、経済学の視点からはどうか。地方自治の制度の違いなどを捨象した、そして補助金Ｂも含めた回答はどうなるだろうか。

「はじめに」で、経済学の教科書は補助金についてほとんど触れていないと書いたが、公共経済学という分野では補助金について言及されている。例えば、理論経済学者である根岸隆は、『公共経済学』（有斐閣双書　1973年）の第3章「公共料金」で補助金の必要性について言及している。

　根岸の論述は価格理論、限界費用価格形成原理を用いて公共料金の最適基準を説明する格調高いものであるけれども、経済学徒以外の人には専門的すぎるので詳細は略すが、「限界費用料金を原則とする最適な公共料金のもとでは、料金の収入が必ずしも費用のすべてをカバーしうるものでない」という。

　そして「利用者全体として費用のすべてを料金のかたちでは負担しえないことがおこるのである。**このような場合には、料金収入によりまかなえない費用は一般財政からの補助金にたよらざるをえない。すなわち、公的負担である**〈※太字処理は庄司による〉」と書いている。

　要するに、電気、水道などの使用料収入だけでは、その事業運営に要する費用がまかなえない場合がある。その場合、電気料金、水道料金などを簡単に値上げするわけにはいかないので、それは補助金という公的負担でまかなわれる、ということだ。

　また、同じ『公共経済学』の第7章「地域的調整」で経済学者の岡野行秀は、「**教育のようにサービスそのものが外部経済を伴うもの**についても、外部経済を含めた国全体の便益を極大にするため補助金が給付される〈※太字処理は庄司による〉」と書いている。

岡野はここで、公共サービスの供給にあてる補助金を交付することによって、地方の公共サービスの供給量が国全体と比較して過少にならないようにすると言っているので、萩田のいう「第一の理由」とほぼ同じように見える。

しかし、決定的に異なるのは「外部経済を伴うもの」としているところだ。「外部経済」とは何かは序章で簡単に触れたが、ここでもう少し詳しく説明したい。

この外部とは、「市場の外部」という意味だ。つまり、経済活動の費用や便益が取引当事者以外に及ぶことを、経済学では「外部性がある」という。便益が及ぶのを「外部経済」といい、逆に費用が発生したり不利益を被る場合は「外部不経済」という。公害が外部不経済のわかりやすい例であろう。

一方の「外部経済」の例は挙げるのが難しいが、私が経済学を学んだ四十数年前の教科書には、養蜂業者と近隣の果樹園の例で説明されていた。養蜂業者は蜂蜜を採取するために蜂を育てているのであって近隣の果樹園のためにではない。しかし、結果として果樹園が恩恵を受けているというわけだ。最近では、教育や研究開発費の外部経済効果がさかんに研究されているようだ。

外部経済がある場合は、市場に任せると社会的に最適な生産量がどうしても下回る（当事者は自己に帰属する便益しか考慮しない）ので、政府が供給を増やすべく補助金を出す必要がある。これが経済学の回答である。

さきに挙げた根岸の公共料金にかかる補助金の例は、外部経済、外部不経済にはストレートに結びつかないが、電気や水などの公共財は、他の商品と違って需要と供給によって価格が決定されるものではない。つまり、市場をとおしていないので外部性の考え方は適用されているといっていい。

宮本憲一は前掲『補助金の政治経済学』の「編者あとがき」で、最近東欧の社会主義国においても農業補助金の打ち切りや市場原理の導入が始まっているとし、「これはあたかも、アダム・スミスの市場経済原理の全面復活を思わせる」と書いてからこう続ける。

《だが、いま、アダム・スミスの時代のように、政府の公的介入を全廃し、補助政策をすべて廃止できるであろうか。その答えはノーである。もしも政府の補助政策を全面的にやめれば、いまの資本主義国も社会主義国も大きな社会紛争をまねき、社会そのものを維持できなくなるであろう。いまの社会には沢山の不平等がある。貧富の対立は深刻であり、貧困者を放置すれば、生存の保障はできないであろう。産業組織をみると、市場を占有する独占的な大企業と中小企業との間には経済上大きな格差がある。産業構造では、自然に依存する農林漁業とそれ以外の工業やサービス業との生産性には格差がある。集積利益をもとめて、企業は大都市に集まるので、大都市と地方都市・農村の地域的不均等はすすんでいる。**このような社会的経済的地域的不均等は、市場制度の下では自動的に解決できない。むしろ、競争がすすめばすすむほどひどくなるといえる。**》（※太字処理は庄司による）

少し長くなったが、宮本の言わんとしていることは、根岸や岡野の主張と同じである。マルクス経済学者と近代経済学者のターミノロジーの違いだけであって、両者とも市場で解決できない部分に補助金が導入される、と言っている。これが補助金の必要性如何という問いに対する経済学からの回答である。

補助金Bの正当性

補助金は必要であり、当分なくならないことはわかった。それでも、補助金の支出に対する疑問が払拭されてはいない。それはおそらく、必要性の度合いの問題なのだ。理念としての補助金の必要性については理解できるが、個々の補助金については、これは本当に必要なのだろうかと思わされるものがあることは否定できない。

「受益者負担の原則」という言葉をよく聞く。さきほどの公共料金の例で考えてみよう。

ある地域の水道事業に対して、水道料金の収入だけでは維持・管理が困難なため、一般財源から補助金が支出されたとする。このことは、財源が税金であるから水道事業の維持のために納税者が等しく負担したことになる。

しかし、納税者の水道利用の量は当然だが同じではない。少ししか水を使わない人がいれば、大量に水を使う人もいる。にもかかわらず、同じように負担するのは受益者負担の原則に反する、と主張することはできる。

ただし、水道のような公共財については受益者負担の原則は排除される、というのが経済学者の考え方である。つまり、「公共性」がキーワードになる。補助金の「必要性の度合い」は公共性の度合いなのだ。

補助金Aは地方公共団体に、「公共」という文字が入っている組織に配賦されるので公共性については大きな問題にならないが、補助金Bについてはどうだろうか。さきほどの論でいえば、補助金を受領する企業等の事業内容に公共性があるかないかが検討されることになるだろう。

先に1990年代後半の不良債権処理にあたって、銀行に多額の公的資金が投入されたことを書いた。この公的資金は補助金ではないが、広い意味での補助金といっていい。そして、個別の銀行に出されているので補助金Bである。

当時、一企業の経営不安を解消するためになぜ多額の税金が投入されなければならないのか、という批判があった。この批判は、「大企業だけなぜ優遇されるのか」というトーンであったように記憶している。

この批判に対して政府がどう答えたかは明確に記憶していないのだが、金融システムが混乱すれば大きな社会不安が起こるから金融システムを安定させなければならない、というようなものだったと思う。それはまちがいではない。

１９２７（昭和２）年3月14日、当時の大蔵大臣片岡直温が衆議院予算委員会で「今日正午ごろ、渡辺銀行がとうとう破綻いたしました」と失言（その時点で東京渡辺銀行は破綻していなかった）して取りつけ騒ぎとなり、昭和金融恐慌のきっかけとなった。一銀行の破綻が（実際は破綻していなかったが）、日本全国に大混乱を巻き起こしたことを私たちは知っている。

一企業の倒産が一企業の倒産にとどまらず大きな社会的問題となる。これはその企業の事業が公共性を有しているといっていいだろう。誰もがその公共性を認めれば、補助金の支出に正当性が与えられることになる。

かつて、海外でも評価された経済学者・宇沢弘文は、「社会的共通資本」という概念を提示した。宇沢の主張は、森林、大気、水道、教育、公園、病院などの社会資本は利益追求の対象として市場に委ねられてはならないというものだ。

この考え方は、制度派経済学の創始者として知られるソースティン・ヴェブレンがすでに提唱していたものであり宇沢のオリジナルではないが、ヴェブレンは私企業の企業活動に否定的であったのに対し、宇沢は企業の自由競争を前提としたうえで、「社会的共通資本」に限っては競争を制限すべきとしたのだ。宇沢は銀行も社会的共通資本に含め、銀行が投機目的に走ることがあってはならないと戒めている。

私は銀行が社会的共通資本であるということに違和感があるのだが、それはさておき、宇沢の提唱した社会的共通資本という概念は補助金Ｂの正当性を論ずるときに一つの重要なメルクマールになるだろう。

一つ例を挙げよう。２０１９（令和元）年5月14日のＮＨＫの朝のニュースでフランスの環境問題が報じられていた。かつてフランスで７０００羽ほど確認されていたヒメノガン（姫野雁という和名はあるが日本では生息していない）が、現在では３５０羽ほどに激減したという。

フランスでは、国際競争に対応するため小麦栽培の大規模化が推進され、牧草地が小麦畑にかわっていった。そのためにヒメノガンの住処である牧草地が減少していったことと、ヒメノガンの餌である昆虫が農薬の大量使用により減少したことがヒメノガンの激減の理由であるという。

フランス政府は、このことは環境破壊になると考え、小麦畑を牧草地に転換する農家には補助金を出すことにしたという。これは外部不経済の事例であるともいえるかもしれないが、いずれにしても、このような補助金の支出に異を唱える人は少ないであろう。

補助金Ｂの正当性を考えるときにもう一つ指標となりうるのは、それが社会全体の利益になるかどうかということだ。つまり公益性があるかどうかということだ。「公共性」と「公益性」はほぼ同義なのだが、ここでは公共の利益という「利益」を中心に考えて、あえて「公共性」と区別する。

補助金Ｂというとき、私がまっ先に思い浮かべるのは雇用助成金である。

助成金と補助金は別物という人もいる。確かに助成金というと報奨的な意味合いをかなり含んでいるところがあるが、ここでは助成金も補助金と考える。

雇用助成金の代表的なものは、身体障害者を雇用する企業に与えられる雇用助成金であろう。公共性がまったく感じられない、ごく普通の工場や建設会社に、不良債権処理時の銀行に投入されたような補助金、収支差補給金のようなものが出たとしたら（出るはずはないが）、必ず皆が異を唱えるだろう。しかし、そのごく普通の会社に支給されたものが障害者雇用助成金であれば誰も文句をいわないだろう。障害者を雇用することは社会の利益になるからだ。

ローカルな話題で恐縮だが、私が仙台市に居住しているので仙台の話をする。

２０１８（平成30）年10月23日の河北新報に「乗合交通試験運行」という記事が掲載された。仙台市宮城野区の燕沢地区は丘陵地のため道が狭く坂が多い。そのためバス路線から外れ、公共交通の空白地となっている。

今後は自動車運転免許を返納する高齢者住民も予想されることから、地域住民の足を確保するため、地元６町内会が交通検討会をつくり、その会が宮城野区のタクシー会社に運行を委託することになり、その試験運行が始まった、という記事なのだが、このタクシー会社には仙台市から補助金が出るという。

このような話は、仙台に限らず全国各地であるはずだ。その場合、それぞれの市町村がタクシー会社に補助金を出すことになるだろう。補助金Ｂだ。

普通はタクシー会社に公共性があるとは認識されていないが、このようなケースで純粋な私企業であるタクシー会社に補助金が出ても誰も文句を言わないだろう。地域の高齢者の生活支援という公共の利益に貢献しているからだ。

「高齢者」といえば、２０１９年の前半に高齢者ドライバーの交通事故が多発し大きな社会問題になった。原因のほとんどはアクセルとブレーキの踏みまちがえによるものだ。

２０１９年6月11日、ＮＨＫは19時のニュースで、急発進を防ぐ安全装置を乗用車に取り付けるのに東京都が90％の補助を出すことを決定した、と報じた。この補助金についても文句が出てくる可能性は低い。

しかし、アクセルとブレーキを踏みまちがえる可能性が大きくなっているのならば、そもそも運転免許を返上すべきである、それをしないのなら、自分の負担で安全装置を取り付けるべきである、という人もいるかもしれない。

あるいは、安全装置が必要不可欠なものであるならば、最初から設置されていてしかるべきだ、あるいは、自動車メーカーが急発進しない車をつくるべきだという考え方もあるだろう。車社会であるアメリカなら、急発進する車をつくったメーカーに責任があると訴訟を起こされるかもしれない。

私としては、当面の措置として安全装置の取り付けに補助金を出すことはやむをえないと考えているが、見方によっては安全装置のメーカーに対する補助金ともいえるかもしれない。一私企業の商品の販売促進のための補助金といえるかもしれない。

しかし、最近の高齢者による交通事故は他人に大きな危害を及ぼしているのだ。歩行者は安心して街を歩けないし、ドライバーも安心できない。安全装置を取り付ければすべてが解決されるわけではないが、ふだんの生活の安全という、公共の利益に貢献できる補助金Ｂといっていいだろう。

市場原理が徹底しているイギリスにも補助金Ｂはある。イギリス政府は日産自動車に多額の補助金を出している。最近、日産がサンダーランド工場でディーゼル車の製造を中止すると発表したのにともない、イギリス政府が日産に補助金申請をやり直しさせるべきかどうかが話題になっている。

日産は純然たる一私企業であるが、あのイギリスですら補助金を出さざるをえないのは、日産のサンダーランド工場はイギリス国内最大の自動車工場であって、7000人の従業員を雇用し、サプライヤー企業の従業員2万7000人をも雇用していることになるからだ。イギリスの雇用創出という公共の利益に大きく貢献していると判断されているのだ。

「公共性」という概念について

ところで、私は「公共性」という言葉をなにげなく使ってきたが、実は「公共性」が意味するものは、たぶん人によって異なるし、おそらく国によっても異なる。

そして「公共性」をどこまで重視するかも、やはり人によっても国によっても異なる。日本では「私」よりも「公」が優先されるが、英米では「私」が優先される傾向があるといえるだろう。

補助金が「公共性」という概念に規定されるとすれば、「公」と「私」をどちらを重視するかによって補助金の正当性も国によって異なってくるだろう。さらに言えば、日本では英語にはない「公私混同」という言葉があるように、「公」と「私」の区別があいまいである。というよりは、「私」という概念が日本では確立していなかった、と言ったほうがいいかもしれない。

「公」と「私」に相当する英語は「パブリック」と「プライベート」であろうが、この概念について、経営学者・三戸公は『公と私』（未来社　１９７６年）でこう書いている。

《ヨーロッパにおいてはプライベートなものがパブリックなものより、むしろまず重視せられているというものの、概念自体に正邪善悪の倫理的な意味はいずれもふくんではいない。ところが公と私はちがう。公は〝ただしく偏頗（ママ）のない〟善い意味をもった語であるのにたいして、私は反対に〝よこしまでありねじけた〟という悪い意味をもった語なのである。》

　つまり、「公」と「パブリック」、「私」と「プライベート」にはかなりの隔たりがあるということなのだ。「公」が善で「私」が悪であるとすれば、欧米人には理解されにくい「滅私奉公」という概念が生ずるのには何の不思議もない。そして、日本では「個人主義」はしばしば「利己主義」と同一視されるのも私たちの知るところである。

　私は本書において、補助金の論理を、もっぱら日本の社会経済構造から説明しようとしている。しかし、「私」が「公」の前に埋没してしまうという日本人の精神構造もまた、補助金の考え方に一定の影響を及ぼしていることは疑いがない。

日本における「公と私」についてもう少し考えてみよう。

先に「『私』という概念が日本では確立していなかった」と書いた。それは、そもそも日本では「個人」が意識されることがなかったからだ。

日本における「個人」は、家、ムラ、そして現代では企業などの集団の一員にすぎない。個人の利害関係は集団の利害関係に劣後する。一方、欧米の「個人」は集団からは独立している。まず最初に個人があるのであって、集団は個人の集合体にすぎない。

この違いは宗教に対する姿勢によるものだ。キリスト教の精神世界にあっては、神と個人のあいだには何も存在しない、親も兄弟も家族もない、もちろん企業もない。最後の審判が下されるのは自分自身の行動に対してであって他人は何も関与しない。特にプロテスタントは神と個人のあいだに教会が介在することも拒否する。欧米の個人主義はここから出発している、キリスト教に由来するものである。そして資本主義的経済システムが個人主義をよりいっそう強固なものにしていった。

日本研究で知られるイギリスの社会学者ロナルド・ドーアは『21世紀は個人主義の時代か』（加藤幹雄訳 サイマル出版会 １９９１年）で、欧米において「個人主義が強まる方向への移行が発生したのは、人口の大部分が労働と生産物を競争的市場で売る人びと、すなわち自己の運命に対して自らが責任をもつ人びとへと変わっていったその市場支配の経済状態が、数世紀間にわたって存続したことである。たとえばイギリスでは一五世紀から一九世紀まで存続した」と述べた。

お世辞にもこなれた訳文とはいえないが、それはさておき、現在のような金融資本主義ではなく、「一五世紀から一九世紀」にかけてイングランドに出現し発展した経済システム、初期資本主義が個人主義を強めたとドーアは言っているのだ。では日本ではどうか。彼はこう続ける。

《しかし、日本のような後発国においては、個人主義がこのように長い時間をかけてゆっくりと育成されていく過程は発生しなかった。日本は封建集団主義から企業集団主義へと一気に突入した。財閥企業がきわめて急速に先導し、支配し、そして日本の産業化パターンを設定した。自由で独立的な小企業資本主義時代は、日本では短命に終わった。（中略）日本では競争市場、小規模企業、大規模自営業が盛んであった中間期は短すぎ、個人関係の価値及びパターンが、再構築されることはなかったのである。》

ドーアは「小企業資本主義」時代が日本では短命であったから個人主義が強くなることがなかったと言うのだが、そうだろうか。

まず、かれのいうような「小企業資本主義」時代は日本には存在しなかった。「短命」であったわけではなく、そもそも存在しなかったのである。日本だけでなく、イギリスを除けば世界中のどこにも存在しなかった。

　日本で個人主義が強固になることがなかったのは、資本主義の発展うんぬんよりも、先に述べたように日本がキリスト教社会ではなかったからだ。もちろん、ドーアも指摘しているように、個人主義と資本主義の発展には密接な関係があって、土地をはじめとする生産手段の私有など個人の経済的自由が優先されなければ資本主義は発展しない。

　日本資本主義の父と言われる渋沢栄一は『青淵百話』（同文館　１９１３年）で、「真の商業を営むは私利私欲ではなく、即ち公利公益であると思う。ある事業を行って得た私の利益というものは即ち公の利益にもなり、また公の利益になることを行えば、それが一家の私利にもなるということが真の商業の本体である。」（新仮名遣い、新字体に改めた、以下同じ。）と言っている。そして「公益と私利とは一つである。公益は即ち私利、私利能く公益を生ずる。公益となるべき程の私利でないと真の私利とは言えぬ。」とも言う。

　渋沢の思想が日本の経済思想を代表しているとすれば、日本では私利と公益は一致する。それは、アダム・スミスが『諸国民の富』で「社会の利益のためにやると気取っている輩が多少とも役に立つことをした例を私は見たことがない。」と言い切ったような英米の伝統的経済思想とはかなりの隔たりがあるものだ。しかし、日本は相当の経済的成功を収め先進国への仲間入りを果たすことができた。

渋沢の思想のバックグラウンドは、もちろんキリスト教ではなく、自ら公言しているように、論語、つまり儒教ではあるが、富を不浄なものと見なす朱子学を渋沢は認めない。彼の思想は、「和の心」ともいうべき、儒教でもないキリスト教でもない日本の伝統的思想に基づいている。「パブリック」が「プライベート」の反対語として生まれてきた社会、つまり、「パブリック」と「プライベート」が対立した概念であるとされる社会とは異なって、日本では「公」と「私」は調和することができる。「公共」と「パブリック」はおそらく異なる概念なのだ。

とにかく、補助金を考える際のキーワードである「公共性」という概念は、国によっても人によっても異なり、そのことが補助金の問題を考える際にも、国によっても人によっても見解の相違が生ずる可能性があるということを指摘しておきたい。

例えば、１９９０年代の不良債権処理にあたっての銀行への公的資金投入については何度も触れたが、アメリカではどうだろうか。

アメリカでは金融機関への公的資金投入は慎重である。２００８（平成20）年9月にリーマンブラザーズが破綻したとき、連邦政府もＦＲＢも公的資金の投入を拒否している。実は、同年3月にベアー・スターンズが破綻したときには、ＦＲＢは緊急融資を行いＪＰモルガンにベアー・スターンズを吸収させている。そして、リーマンブラザーズのときも、バンク・オブ・アメリカなどいくつかの金融機関が引き受けを表明していたのだが、最終的に連邦政府もＦＲＢも支援を拒否したため、引き受け手はなくなりリーマンブラザーズは完全に破綻した。その結果、世界経済が大混乱に陥ったことは、改めて言うまでもない。

これは当時のブッシュ政権の大失策であったと私は考えている。リーマンブラザーズが破綻すれば世界経済が混乱することはわかっていたはずだった。にもかかわらず手を打たなかったことは理解に苦しむ。

ベアー・スターンズのときは公的資金を投入したのにリーマンブラザーズのときにはなぜそうしなかったのか。それは時期の問題であったという説がある。ベアー・スターンズのときは３月であったが、リーマンブラザーズのときは９月であり、４年に一度の大統領選挙は２ヵ月後に迫っていた。ベアー・スターンズのときも私企業に公的資金を投入することへの批判はあったので、大統領選挙への影響を考慮したのだと言われている。

そのほかにも理由はあったのだろうが、いずれにしても、日本の不良債権処理への対処と比較すれば、金融機関の「公共性」という概念には日米では差があるということなのだろう。

3　グループ補助金

グループ補助金とはどういうものか

これまで述べてきた公共性という概念には直接は当てはまらないが補助金が必要であるというケースがある。災害からの復旧、復興のための補助金だ。

２０１１（平成23）年の東日本大震災は特に東北地方に甚大な被害をもたらした。その復旧のためにさまざまな補助金が創設されたが、ここではそのなかの一つである、「中小企業等グループ施設等復旧整備補助金」について考えてみたい。

この補助金は「グループ補助金」という略称、通称が定着しているので、以下でも「グループ補助金」と記述する。

グループ補助金を取り上げる理由は、私が宮城県に期限付き職員として採用され、経済商工観光部に配属になりグループ補助金の交付事務に従事したので、内容について精通した結果、この補助金ほど補助金についての考え方、補助金の論理について考えさせられるものはないと思ったからだ。

グループ補助金は、東日本大震災で被災した中小企業がその施設・設備を復旧・整備するための補助金である（２０１６（平成28）年の熊本地震の被災中小企業にも同様のスキームで実施されている)。

復旧に要する経費の４分の３が補助金として交付され、残りの４分の１は自己資金か銀行借入れでまかなわれることになる。例えば、工場の復旧に要する経費が１億円であると認定されれば、７５００万円が交付決定される。事業が計画どおり実施されれば７５００万円が支給されるが、これは補助金であるから返済の必要はない。

この補助金の３分の２は国が、３分の１は県が負担している。ほとんどの事務手続きは国の指示に基づいて県が行うが、宮城県では２０２０（令和２）年３月末で４４０６の企業（個人事業者も含む）に対し約２７６１億円の交付決定がなされている。

ところが、２０１９年６月21日に放映されたＮＨＫの「東北ココからＳＰ」では、気仙沼市、石巻市の水産物加工会社が「５年の据え置き期間が経過し、補助金の４分の１の自己負担分の返済に苦慮している」と伝えられた。番組では何度も「補助金の返済」という言葉が連発されたが、グループ補助金は返済の必要はない。

先の例でいえば、自己負担分の２５００万円については無利息の「被災中小企業・施設整備支援事業」（通称「高度化スキーム」）という中小企業基盤整備機構の融資制度を利用して調達することが可能である。

ＮＨＫが「補助金の返済」と言ったのは、この「高度化スキーム」のことだと思われる。ただし、「高度化スキーム」の利用企業は、グループ補助金受給企業の３割弱にすぎない。補助金の仕組みに誤解を与えるような報道であったことは否めない。

個別企業に交付される補助金であること

この補助金はグループ補助金と称しているので、あるグループに補助金が交付されるように思われるかもしれないが、補助金はそのグループの構成員である各企業に、個別に交付される。典型的な補助金Ｂだ。

それなのに、なぜグループ補助金というのか。それは、ある地域の中小企業がグループを組んで共同して何らかの事業を行い、その共同事業がその地域に貢献するものであること、あるいはそのグループのすべての構成企業の収益向上につながると国と県の審査で認定されれば、各企業の復旧がその共同事業の遂行に必要だとして、各企業に津波で流出、損壊した施設、設備の復旧のための補助金が交付されるからだ。

グループ補助金の正当性

しかし、私はグループを組んで共同事業を行わせることに疑問を持っている。

２０１２（平成24）年に認定された「気仙沼市地域コミュニティ再生グループ」を例にとって考えてみよう。これは気仙沼市内の主として小売店、飲食店、サービス業に従事している事業者２２９社（個人企業も含む）からなるグループだ。

各企業はグループ補助金の交付決定を受けるためにさまざまな書類を県に提出しなければならないが、そのなかに「復興事業計画書」というものがあり、それには「グループ機能に与えた影響」という欄がある。

米や灯油を販売しているある会社は、その欄に「店舗が（津波で）流出したため以前の場所での営業再開ができず、自宅の物置を仮店舗としているため配達業務が滞り、グループ機能に支障をきたした」と書いていた。ほかの企業のその欄の記述も大同小異である。

つまり「被災して営業ができなくなったから地域に迷惑をかけた。早く復旧して地域に貢献するから補助金をください」というわけだ。それは理解できる。しかし、ある米穀販売店が営業できなくなったとしても、該当地域の人たちが全員迷惑をこうむるわけではない。

気仙沼市は２００６（平成18）年に唐桑町を合併し、２００９（平成21）年に本吉町を合併した。このグループには唐桑の会社も本吉の会社も含まれているが、本吉から唐桑に行くには車で1時間以上かかる。コミュニティと称するには広大な地域だ。

例えば、唐桑のガソリンスタンドが営業できなくなったとしても本吉の住民には何の影響もない。本吉の美容院が営業できなくなったとしても唐桑の住民には何の影響もない。これら29の事業者は、半数以上はおそらくお互いに顔を合わせたことがないと思う。

そのような事業者たちが、ただ同じ行政区に属しているからといってコミュニティと称するのは無理がある。いや、名称がふさわしいかどうかはたいしたことではない。これらの事業者が共通の価値観を持ち、共同して何らかの事業を行うということが不自然、無理があると思うのだ。

その逆の例だが、わずか4社のグループもある。この4社は運送会社、タクシー会社、バス会社である。B社の社長はA社の社長の妻、C社の社長はA社の社長の娘である。A、B、C三社とも本店所在地は同じ。D社は別の場所にあり、社長はA社の社長の親戚らしい。つまり、実質的にはこの4社は一社といってよく、グループというには不自然な感じを受ける。

誤解のないように強調しておきたいが、私はこれらのグループが不正をしていると言っているのではない。私はかつてこの「気仙沼市地域コミュニティ再生グループ」を担当していたので、このグループのことをよく知っている。みなまじめに、清掃活動のボランティアをしたり、防災訓練を企画したり、高齢者の買い物の手助けをしたり、自分たちの考えた共同事業に熱心に取り組んでいる。

私は、御両親と奥様がいまだに行方不明になっている、あるスーパー（総合食料品小売業）

の社長を知っている。その人はそのことはおくびにも出さず、津波で全壊した店舗を息子さんたちと再建し、グループの共同事業にも奔走している。

グループの構成員はみなまじめに共同事業に取り組んでいるのだ。でも何か無理がある、不自然な感じはぬぐえない。なぜこのようなグループを組まないといけないのか。自発的なものであれば、それは他人がとやかくいうものではない。しかし、明らかに自発的なものではない。そうしないと補助金をもらえないからグループを組んだのは明らかだ。補助金をもらうためのグループなのだ。

ではなぜ、補助金をもらうためにグループを組まないといけないのか。補助金はグループではなく個別企業に交付されるのだからグループは建前にすぎない。なかには予期せぬ効果を上げている共同事業もあるが、グループを組んで共同事業を実施する事業者側でも、グループ、共同事業の審査をする国、県の側でも、多大の労力が消費、いや浪費されているのだ。

交付決定にいたるまでの事務手続きの煩雑さについては、ここで詳しく述べる余裕はないが、無事補助金が支給されたあとも、各グループは共同事業の実施状況を年一回、国、県に報告しなければならない。補助金をもらって「はい、おしまい」というわけにはいかないのだ、ということだけは言っておきたい。

事業者は、おそらく言いたいことはあるにちがいない。彼らは1時間あれば何百万円も稼ぐことが可能であるかもしれない人たちなのだから。でも、そうしないと補助金をもらえないからやむをえず国の指示にしたがっているのだ。

役所には「事務の効率性」という概念は存在しないし、仕事は可能な限り複雑にするという習性があるから、グループ補助金の事務手続きの煩雑さなどは、たぶんまったく気にしていない。

しかし、私には、お互いの時間と知恵を無駄に消費しているように思えてならない。なぜ、ここまでしなければならないのだろうか。それは国が「そう簡単に補助金はあげないよ」と意地悪をしているわけではなく、よほどのことがない限り一私企業に補助金を出すことはできない、という伝統的な根強い思想に囚われているからだと私は考えている。「グループ」はカムフラージュなのだ。あるいは、それをあてがうことでは完全に隠しきれない「いちじくの葉」なのだ。

昭和40年代に、国は高度化資金という融資を推進した。高度化融資の詳しい説明は省略するが、これは個別企業への融資ではなく事業協同組合への融資である。

私がグループ補助金の交付事務に従事していたときに、グループ補助金を申請していた石巻市の水産物加工業を営んでいる、ある協同組合の代表から組合設立の経緯をきいたことがある。

資金力のない零細な水産物加工会社にとって、大型の冷凍冷蔵設備や給排水設備を備えるのは簡単なことではない。そこで、各社が協同組合をつくり、その組合がそれらの設備を設置するのなら低利の融資がうけられるという話をきき、それで組合をつくったというのだ。つまり、融資をうけるために協同組合をつくったのだ。

　融資は補助金ではないが、国の融資は広い意味での補助金であるとも言える。しかし、高度化融資は個別企業への融資ではなく組合への融資であるし、中小企業の保護育成のための諸政策の一つであって、グループ補助金とは趣旨が異なる。

　ただ、表面的にはまったくことなる制度ではあるが、グループ補助金のスキームはこの高度化資金の影響を受けているのではないかと私は考えている。

　グループ補助金は必要な経費の４分の３しか出ないが、残りの４分の１については無利息の「被災中小企業・施設整備支援事業」という融資を利用できることになっていて、この融資制度は「高度化スキーム」という通称で呼ばれていると先に説明した。このことからも、高度化融資はグループ補助金に大きな影響を与えていることがわかる。

　ところで、「高度化スキーム」融資は「高度化融資」のスキームをまったく継承していない。国が資金を出していることは共通しているが、お互いにまったく異なるスキームを有している。

　誰が最初にそう名付けたのか知らないが、経産省にとっては集団化イコール高度化なのだろう。個々の企業の力は弱くても集団としてまとまれば、「高度な」事業が達成されるはずだという、極めて日本的な考え方だ。

私は日本政策金融公庫で、振興事業貸付という、クリーニング業、理美容業、飲食店などの生活衛生業種の企業に対する融資制度の推進の担当になったことがある。これは個別企業に対する融資であるが、その企業が属している生活衛生同業組合（クリーニング業生活衛生同業組合、美容業生活衛生同業組合など）が振興計画を作成し、その計画が厚生労働省の認可を受ければ、各企業は一般貸付より金利、貸付期間が優遇されるという制度だ。

このスキームはグループ補助金とよく似ている。振興計画が共同事業に相当する。いまここでは高度化融資や振興貸付に対する評価は避けるが、とにかく個別企業に対して何らかの利益を与える場合は一定の条件が必要だというのが国の伝統的な考え方なのだ。

それは理解できないこともない。しかし、グループ補助金についていえば、東日本大震災は、福沢諭吉のひそみにならえば、「日本開闢以来未曾有の」大災害なのだ。

この大災害からの復旧資金をグループを組むことなしに個別企業に補助しても、誰も文句を言わないと思うのだが、「いや、どんな事情があろうとも個別企業に税金を投入することはまかりならん」と主張する人がいるのかもしれないので、そのような非難をかわすために「グループ」というタイトルをつけることにしたのだと私は考えている。

あるいは、非難をかわすということではなく、未曾有の大災害であろうがなかろうが無条件で個別企業に補助金を出すことはできない、という伝統的思想を固守するということなのかもしれない。

いずれにしても、グループ補助金といっても実際には個別企業に補助金が出ているのだから、私には姑息な手段のように思える。外国人低賃金単純労働者を技能実習生と呼び、商業捕鯨を調査捕鯨と称して問題点をずらしてしまうのは日本の十八番《おはこ》であるが、その類であると思う。

私はグループ補助金を否定しているわけではない。むしろ高く評価している。グループ補助金がなかったら復旧はありえなかっただろう。被災した中小企業の復旧だけでなく、復旧工事を受注した建設業者などへの波及効果は相当なものがあり、これほど成果を上げた補助金はないだろうとすら思っている。

しかし、平時ならともかく大災害からの復旧なのだから、わざわざ多大の労力をかけなくても、グループを組ませることなしに一企業に補助金を出すというシンプルなスキームにしてもよかったのではないかと思う。

もっとも、「シンプルなスキーム」というのは民間人の発想であって、役人の辞書には「シンプル」という言葉はないから、いくら手間をかけることになっても彼らは苦にしないのだ。

しかし、グループの外にいる企業のことも忘れてはならない。初期に採択されたグループのほとんどは、商工会議所、商工会によってまとめられたものだ。商工会議所等に加入していない、いわゆる一匹狼はグループ補助金の恩恵を受けることはできなかった。

もちろん、商工会議所等に加入していないということは、加入していれば受けられたであろう恩恵をあえて拒否することになるのだから、加入しないほうが悪いんだ、という考え方もあるかもしれない。

実際、グループ補助金のために商工会議所に加入した企業は少なくない。東日本大震災後、石巻商工会議所の組織率は62％と全国平均（約35％）を大きく上回った。これもグループ補助金の思わぬ成果である。

商工会議所等に加入することがグループ補助金受給の要件ではないし、商工会議所等に加入していなくても、グループを組成することができた人たちもいる。しかし、どうしてもグループを組むことができず、グループ補助金をもらえず復旧を断念したという企業もある。

国が「集団化」にこだわらなければ、このような企業も救えたのではないか。グループ補助金をもらえず復旧できなかった企業のなかには、ひょっとしたらその地域の発展に大きく貢献できるような成長の可能性を秘めていた企業もあったかもしれない。

経済発展に欠かせないイノベーションは、しばしば商工会議所や組合などの団体に所属していない一匹狼的な企業によって成し遂げられた、ということを私たちは知っている。理美容や飲食店などの生活衛生業界で繁盛している店は、生活衛生同業組合に加入していない、いわゆるアウトサイダーに多い、ということもよく知られている。農協を脱退しロシアにコメを輸出して成功した農家を私は知っている。

国のこだわる集団化協業化は、まだ日本の諸産業が国際競争力を持たなかったころ、あるいは基盤の脆弱な中小企業が多かった時期には、かなりの成果を上げたと思う。その方向はまちがってはいなかったと思う。

しかし、高度成長を経験して各企業にある程度の力がついてくると、集団化協業化がかえって成長の足かせになる場合もある。集団化協業化はもう時代遅れだと断定するつもりはないが、見直すべき時期にきていると思う。特に災害補助金については。津波による被災は団体に所属しているいないに何の関係もなかったのだから。

補助金で成長してはいけない

もう一つグループ補助金の特徴について論じてみたい。

それは、グループ補助金が災害からの**復旧資金**である、ということだ。「そんなことは当たり前だろう。言うまでもないことだ」と思われるだろうが、実はこの「復旧」が大問題になったのだ。

グループ補助金が、東日本大震災による津波で流出、損壊した施設、設備の復旧資金であることは前に説明したが、この「復旧」とは「震災前の状態に戻す」ということなのだ。例えば、震災前に木造であった店舗を建て替える際に、今度は災害に耐えられるよう鉄筋コンクリートにするというのは認められず、また木造にしなければならない。建築面積が増えることも認められない。

もちろん、鉄筋コンクリートにして従前よりも広い建物を再建することはできるが、「その場合は補助金は出ません。自己資金でやってください」というわけだ。

ある企業が、明治時代につくられたという石造りの貯蔵庫を震災前まで使用していた。それが津波で流失し、グループ補助金で復旧することが認められた。「復旧」は厳格に運用されているので当然、震災前の構造、すなわち石で貯蔵庫を再建しなければならない。

ところが、複数の建設会社に問い合わせてみたが、材料の入手も技術的にも元通りにするのはかなり難しいと言われ、石造りで再建すると膨大な費用がかかることがわかった。そこでやむをえず、コンクリートブロックで再建することが承認された。

これは例外中の例外で、施設の場合はグレードアップかどうかの判断に迷うケースはほとんどない。「グレードアップ」という場合は普通は質的なもの、例えば性能の向上などを指すが、グループ補助金では量的なものも、例えば施設の建築面積が従前の面積を上回った場合などもグレードアップと呼んでいるようだ。

グレードアップが問題になるのは、施設よりも設備である。津波で流出してしまったトラックを復旧するケースについて考えてみよう。

流出したトラックは3トン車だったが、今度は補助金で5トン車を購入したい。これは明らかにグレードアップであるから不可。これはわかりやすい。では、流出した10トントラック1台にかえて5トントラック2台にするというのはどうか。購入価格はどちらも同じとする。これも認められない。費用は同じであっても震災前は1台だったのが2台になることは認められないのだ。

逆の場合はどうか。5トントラックが2台流出したが、今度は10トントラック1台にするというのはどうか。これも認められない。この場合、台数は問題ではなく、費用が同じだとしても5トンが10トンになることはグレードアップであり認められないのだ。

ただ、車両の場合は多少の不満は出たものの、そう大きな問題にはならなかった。機械についてはさまざまな問題が噴出した。

ある水産物加工会社の例。Ｆ社としておく。

Ｆ社が使用していた生産ラインは旧式のもので、最新のラインを導入している同業他社にたちうちできないこと、修理費などの維持費用もかさむ一方であることから、ラインの入れ替えを計画した。具体的な機種のしぼりこみまで進行したころで、入れ替え予定のラインは震災による津波で全壊してしまった。

そこで、震災前に予定していたとおりの最新式のラインを導入しようとしたが、グレードアップであるからと認められなかった。Ｆ社は、最新式のラインと旧式のラインの導入費用の差額は自己負担とするので、旧式のラインを復旧したものとして、その価額を補助対象として認めてほしいと要望した。

つまり、こういうことである。再度旧式のラインを導入すれば５０００万円かかるが、補助対象経費として認定される。最新式のラインを導入するには８０００万円かかるがグレードアップなので補助金は出ない。しかし、どうしても最新式のラインが必要である。差額の３０００万円は自己負担とするので、旧式のラインの５０００万円分だけを補助対象としてほしい、と要望したのだ。

このＦ社の要望は認められなかった。いくら差額は自己負担するといってもグレードアップであれば補助金は１円も出ないのだ。「震災前の姿に戻す」というのがグループ補助金の趣旨なので、震災前より豊かになることは認められないのだ。

震災前に売上減少の一途であった企業が、被災してすべてが無になったとする。補助金をもらってなんとか新規まき直しを図ろうとする。いやいや、それはいけません。補助金をあげますから震災前の右肩下がりの状況に戻しましょう。

こんなばかな話はない。もちろん国は、震災前に傾いていた企業は補助金を出すからもう一回傾けとは言っていない、そんなことは言うはずがない。しかし、そう言っているのと大差はない。

確かに「焼け太り」は認められない。それはわかる。しかし、実はこの問題の本質は焼け太りは許されないという問題ではなく、補助金の効果の問題なのだ。

グループ補助金に限らず、どんな補助金についてもそうだと思うが、ある補助金についてそれがどのような効果を挙げたのかということについて議論されることはほとんどない。役人の仕事は与えられた予算を使い切ることであって、その効果について考えることはないのだ。補助金は本当に役に立ったのか、それともどぶに捨てたのと同じなのか、などと考えることはないのだ。

Ｆ社については、その後どうなったか私は確認していないのだが、仮に旧式の生産ラインで復旧したとしよう。そして、やはり旧式のラインではうまくいかず事業閉鎖になったとしよう。

これは結局、せっかくの補助金が活きなかった、無駄になってしまったということになるのだが、役人はそんなことは気にかけないのだ。彼らの仕事は、補助金を出してしまえばそれで終了なのだ。彼らにはその後のことを考える余裕はない。

私は役人を非難しているのではない。そういう仕組みになっていることが問題だと思っている。このことは後でまた議論することとして、「復旧資金」であることの意味についての問題に戻る。

新分野進出資金

「復旧」であることを厳格に解釈、運用するあまり、補助金が活かされていないのではないか、「せっかく補助金をもらっても企業が維持できない。なんとかしてもらいたい」という声が事業者、補助金を受給される側からあがり、その声は次第に大きくなって、ついに国も重い腰を上げた。平成27年度からグループ補助金の「新分野」が認められるようになったのだ。

これは、震災前と同じ機械設備では企業の存続がおぼつかない。あるいは右肩下がりであった震災前と同じことをしていたのでは企業の存続はおぼつかない、企業が維持成長していくためには震災前と異なる分野に進出する必要がある。そう考える企業に、震災前に所有していたものとは異なる施設・設備に補助金が出るようになったものだ。

ただし、これには二つの制約がある。

一つは、新分野進出で補助金を得るには、東北経産局が認定した認定機関が発行する、新分野への進出計画が妥当であるという認定書が必要になるということだ。

認定機関は商工会議所や地域の銀行などだ。これらの認定機関は計画の妥当性について審査をすることになっているが、簡単な要件審査であって、認定されないことはまずない。

私に言わせれば不必要なものである。ただもったいをつけているようにしか思えない。ただ、これは民間人の発想であって、補助金を出す際にはそれなりの手続きが必要であるという役所の論理があるのだろう。

もう一つは、新分野であっても補助金額のベースになるのは、あくまでも「復旧」であるということだ。まず被災した施設・設備がなければならない。その復旧を断念し、それに代わる施設・設備を新設することになるのだが、補助対象になるのは以前の施設・設備を復旧するのに要する金額の範囲内であるということだ。

例えば、倉庫が津波で全壊した、復旧すると４０００万円かかるが、その倉庫の復旧は断念して、震災前にはなかった機械を購入したい。その機械の価格は８０００万円であるとする。

この場合、８０００万円が補助対象になるのではなく、倉庫の復旧に要したであろう４０００万が補助対象になる。残りの４０００万円は自力で調達しなければならない。

つまり、新分野進出のための資金が無制限に認められるわけではなく、金額的にはやはり復旧の枠を出ていないのだが、それでも補助金の効果という観点からは大きな前進があったといえる。

資産が増えることは認められない

復旧資金であるためのもう一つの大きな問題は所有権であった。これは大きな壁であった。この壁を崩すべく私も奮闘努力したが、まったくなす術がなかった。もっとも、大問題だと考えていたのは私だけであったようで、東北経産局の担当者は、「この爺さんは何でこんなに力んでるんだ」と言っているような冷やかな態度だったし、県でも私の所属している企業復興支援室でも、

「そんなの当然だろ」

とよく言われた。

その所有権の問題というのはこういうことだ。

「震災前の姿に戻す」という復旧資金であるから当然、施設・設備の所有者は震災前と後で相違してはならない。もっとものように思われる。しかし、実際に補助金を出す段になると大きな問題が噴出したのだ。

企業が使用している店舗、工場、倉庫などの施設がすべて自己所有とは限らない。むしろ借用物件であることのほうが多いかもしれない。借用物件の場合はそう大きな問題にはならない。貸主が復旧するか、あるいは新たに借用物件を探すしかないからだ。

ところが、形式的には借用物件なのだが実質的には自己所有と大差はないという場合がある。

中小企業にあっては、店舗や工場が代表者の、あるいは代表者の父など家族の個人名義になっている場合がしばしばある。

グループ補助金の申請書には、補助金で復旧する施設・設備が震災前に自己所有であったかどうかをチェックする欄がある。グループ補助金の制度が発足した当時は申請書に自己所有となっているものの、いざ補助金を払い出す段になって、実は代表者個人の名義であったことが判明したケースがあった。

その企業にしてみれば、施設を第三者から借りているわけではなく、代表者自分自身のものなのだから「自己所有」のカテゴリーに入ると解釈したのだろうと思う。

途中で判明したケースはまだいいほうで、すでに法人名義で登記が完了している場合もあった。その場合は個人名義に変更登記しなければならないのだが、それは簡単なことではなかった。

それを詳述する前になぜそんな事態になったかを説明しておきたい。大半の人は、申請書が提出された時点で、震災前の所有状況を、企業の自己申告に頼らず県が確認しておけばこのようなことにはならなかったのではないかと思うだろう。そのとおりである。県のミスである。

津波で流出した建物であれば滅失登記を調べて所有者を確認すべきであったし、車両や機械であれば車検証を調べたり、決算書で償却資産として計上されているかを調べたり、売買契約書を確認すべきであったのだ。

しかし、当時はそうすることはほとんど不可能であった。グループ補助金の制度ができて日が浅いころは、申請書が出てきてから二、三週間で交付決定をしなければならなかった。先に挙げた気仙沼のグループが含まれるグループ補助金の交付決定時は、県の職員は年末年始の休みを返上して（元日だけは休んだ）事務処理にあたったのだ。

そういうなかで、事業者によっては１００点をこえる設備を申請してきた者もあり、限られた人数で限られた時間ですべての事業者のすべての施設・設備の所有確認を行うことはほとんど不可能であった。

もちろん、これは言い訳にすぎない。どんなに手数がかかろうと、やらなければならないことはやらなければならない。本当の原因は量的処理の問題ではなく、国も県もこのような問題が顕在化することを予想していなかったからだ。

あるいは、企業の自己申告に依存することの危うさを危惧していた人もいたかもしれないが、綿密にチェックする余裕はなかったし、大きな問題になるとは思っていなかったからだ。万が一、相違していれば、

「あなたは事実と異なる申告をしたのだから補助金を出せませんよ」

といえば済むことだと思っていたのではないか。

その後は申請者の数も減少し交付決定までの時間的余裕も出てきて、登記簿謄本や車検証などの所有権が確認できる書類を添付させ（最初からそうすればよかったのだ）、従前の所有確認をしっかりと行うようになったので同様の問題は発生していない。

問題発生の原因はこれぐらいにして、次は問題の内容である。

実際にあったケースで説明しよう。G社は洋品装飾品小売業を営んでいたが店舗が流出し、店舗復旧のためにグループ補助金を申請し交付決定を受けた。ところが、店舗は社長の高齢の父の名義であったことが判明した。そこで県は建物については社長の父の名義で登記するように指示した。

G社の社長は、父は高齢でまもなく相続の問題が発生することは不可避なので、いまのうちに会社名義にしておきたいと抵抗したが受け入れられるはずはなく、G社はしぶしぶ建築工事を進めた。

ところが、G社の社長は補助金の受給者が社長の父に変更されたと勘違いしたのである。社長は税理士に「店舗への補助金は父に出る。ショーケースなどの備品については会社に出る」と説明した。

復旧工事が完了し、補助金すべてが会社に出るとわかって社長と税理士は頭をかかえた。社長が補助金は父に出ることになったと考えたのも無理はない。父個人の資産を形成するために会社に補助金が出るはずはない、社長はそう考えたのだ。

補助金をもらう人と使う人は同じであるのが常識だから、社長の考えはまったくもって正しい。ところが役所の論理は世間の常識とは異なるのだ。

「補助金はＧ社に対して交付決定されたのだから、それがＧ社以外の人に支出されることはありえない。そんなの常識だろ」

これが役所の論理なのだ。

役人はよく「交付決定の重み」という言葉を使う。その「重み」は民間人にはよく理解できない。金額は変わらないのだから、受給者の数が一つ増えたところで何の問題もない。そう考えるのは「交付決定の重み」を知らない非常識なのだ、役所の側からすれば。

お互い自分の考えが常識だと思っていたので、確認も説明もなしに工事は完了してしまった。

Ｇ社の社長は、「店舗建設費の補助金を父個人に出してくれ」とかなり強硬に主張してきた。

なぜか。そうでないと復旧ができないというのである。

それは税金の問題だ。社長の父は、自分名義の建物を建てるために自分の金ではなく会社から資金をもらったのだから、その分は雑所得として課税対象となる。一方、Ｇ社は補助金収入を営業外収益として計上しなければならないから法人税の課税対象となる。

もし、補助金で建設される建物が会社名義であれば、圧縮記帳により課税を繰り延べできるのだが、自己の償却資産ではないからまともに課税されてしまう。つまり個人でも法人でも二重に課税されてしまうのだ。

G社の税理士の試算によると、二重課税されることによって補助金総額の約6割が税金でもっていかれてしまうということだった。4割ではとても復旧はできない。しかし、父個人に補助金が出るのであれば、会社には関係ないので父だけの税負担で済む。二重課税はまぬがれる。

県は東北経産局に相談したが、税金のことは経産局ではまったく関知しないと冷たくあしらわれた。縦割り行政というやつだ。そこで次に税務署に相談したが、所得税等の震災による減免措置はあるがグループ補助金についての特例はない、どうにもならない、という返事であった。この相談には私も同行したのだが、私の印象では、税務署はなぜ個人の建物のために法人に補助金が出るのか納得できないようだった。

それはさておき、このG社の件は難航に難航を重ね、ついには政治家も出てきて、経産省のかなり上のレベルまで行き、特例中の特例として社長の父を補助金受給者とすることが認められたのである。

「交付決定の重み」は議員先生が出てくると、あっさりと消滅してしまうものなのかと思われたがそうではなかった。国はG社に対し、施設については父個人に出すかわりに会社の設備については補助金受給を辞退せよ、という条件を出した。

G社はその条件を受けいれた。父が受給者となって受給者数は1名ふえたが、G社が辞退したので受給者は1名減少した。つまり、交付決定者の数が変更されることはなかった。政治家が出てきても「交付決定の重み」は揺るがなかったのだ。

G社の件はこれで決着したが、類似したケースはかなり出てきた。それらについては、G社のような強硬な申し入れはなかった（いくつかの企業から経理処理についての相談はあったが）ので、二重課税の問題をどう回避したのか不明だが、法人への補助金で個人の建物を建設するという手法を甘受したのだと思われる。

しかし、私にはその手法には問題があると思われた。まず気になったのは財産処分の制限についてである。「財産処分の制限」とは一般の人には聞きなれない言葉であるが、簡単に言ってしまえば、補助金で取得した施設・設備を勝手に処分することは許されない、ということだ。「補助金等に係る予算の執行の適正化に関する法律（昭和30年8月27日法律第１７９号）」（以下「補助金適正化法」と略す）の第二十二条にこう規定されている。

《補助事業者等は、補助事業等により取得し、又は効用の増加した政令で定める財産を、各省庁の長の承認を受けないで、補助金等の交付の目的に反して使用し、譲渡し、交換し、

貸し付け、又は担保に供してはならない。ただし、政令で定める場合は、この限りでない。》

この条文の趣旨は交付決定の通知にも明記されているし、県でも説明会などで折にふれてしつこいぐらい説明しているので、補助金受給者は財産処分制限のことを知っている。

しかし私自身、事業者に財産処分のことを説明しているうちに、会社への補助金で個人の建物を建てた場合が気になった。この場合はどちらにも、会社にも個人にも、処分制限をかけることはできないのではないかと思ったのだ。

仮定の話であるが、ある会社、H社としておこう。H社がグループ補助金で工場を復旧したとする。機械設備は会社所有として、工場本体は社長個人名義で復旧したとする。ところが経営不振に陥り、県に無断で第三者に工場を機械設備も含めて売却してしまったとする。

このような場合、県は、

「約束と違いますね。補助金は返してください」

とH社に請求するのだが、もし、建屋のほうは社長個人のものだから返さないと主張されたらどうなるのだろうか。

社長個人は補助事業者ではないので、処分制限がかからないのは明白である。補助事業者は

Ｈ社であるが、建屋は社長個人のものであってＨ社の「財産」ではない。Ｈ社には処分する権限はない。したがって、両者に財産処分制限はかからない。私はそう考えた。

県のリーガルセクションに常駐している弁護士に相談してみたが、弁護士の見解も私と同じで、どちらにも財産処分制限はかからない、というものであった。

このままの状態ではまずいと思い、私は東北経産局と協議した。対応してくれた係長は財産処分制限の件は杞憂にすぎないと断じた。確かに、社長個人には処分制限をかけることはできないが、会社は補助金をもらったので会社には処分制限をかけることができる、県の弁護士の判断はまちがっている、というのだ。

その根拠は、会社は補助金をもらったので善管義務があるから、というものだった。「善管義務」とは民法でいう「善良な管理者の注意義務」のことだ。私には善管義務と財産処分制限は別であると思われたが、「行政の判断」を素人が論破するのは難しいと思い引き下がった。

ただ、補助金をもらう人と使う人が異なるというのは問題があるので、解消しなければならないということは強く主張した。私が、

「補助金をもらう人と使う人が異なるというのはおかしい」

と言ったときに、それまで能弁であった係長は一瞬言葉につまり、

「そういう問題意識は持っている」

と絞り出すように言ったので、前進するかのように思えたがそう甘くはなかった。

私は、例えばH社のようなケースで、施設の従前の所有者が代表者の親族である場合、法人名義で復旧してよい、ということにしてはどうかと提案した。まったくの第三者から借用していたものを補助金で自分の名義のものを建ててしまうのは焼け太りだが、中小企業においては社長イコール会社なのだから、社長の名義であったものを会社名義にしても焼け太りとはいえないのではないか。そう主張したのだが、

「どんな事情があろうとも法人の資産が増えることは絶対に許されない」

と強い口調で言われてしまった。

では、法人に交付決定している補助金のうち、施設にかかる分について個人を補助金受給者にできないかと訊いてみたが、今度は強い口調ではなく、あきれた口調で返事が返ってきた。

「それでは交付決定者の数が増えてしまうことになる。一度公表した交付決定者の数が違っていましたなんて言えるわけがないだろう」と。

そしてG社の件で、政治家が出てきても交付決定者の数が変わらなかったのを知っているだろうと言われてしまったのだ。私の主張はまったく受け入れられなかった。

結局、法人に交付決定された補助金を個人が使用する不自然な状態は解消されなかったのだ。不自然な状態を解消するためには、私が主張した方法のほかに、もう一つの方法がある。

それは、「グループ補助金は中小企業に対して出るものであり、事業を営んでいない個人の資産の復旧にあてることは一切認めない」と言ってしまうことである。こう言いきってしまうことは可能だった。こちらのほうが筋が通っているからだ。

しかしそうしたならば、経営と所有が未分離の中小企業は復旧することはできなかった。国は彼らを救済するために事業者ではない個人の資産を復旧することを認めたのだ。中小企業者に配慮した救済策であったといえる。しかし残念ながらその手法は誤っていた。

私が、補助金をもらう人と使う人が異なることは問題だと指摘できたのは、私は金融機関に勤務していたからだ。銀行は原則として転貸融資の資金は融資しない。転貸融資とは、ある人がどこからか金を借りてきて、それを自分で使わずに他の人に貸してしまうことである。これは好ましいことではない。

なぜ好ましくないかを説明することは長くなるし、本論のテーマからはずれるので省略するが、とにかく銀行融資においては、金を借りる人とその金を使う人は同じでなければならないのだ。

それは補助金においても同じだと思う。役人は銀行融資のことなど知るはずもないからこのことに気がつかないのも無理はないし、銀行融資と補助金は異なるものだと主張するかもしれない。

しかし、補助金をもらう人と使う人が異なるといろいろ問題が生じることには気がついているはずだ。にもかかわらず、根本的な解決を図らなかったのは、グループ補助金に限らず補助金全般にいえることだが、そして補助金に限らず財政支出全般にいえることだが、「お金を出したらそれでもうおしまい。あとは知りません」という思想があるからだ。

「思想」という言葉は不適切かもしれない。言い換えよう。役人の仕事は金を出すことで、そのあとのことは関知しない、ということだ。

G社のような事例で、事業者から補助金の経理処理について照会がくることがある。その場合は、「税理士さんとよく相談なさってください」と答えるようになっていた。県の職員には法律に詳しい人は多いが、会計学に詳しい人はほとんどいない。答えたくても答えられないのだ。そう回答したら今度は税理士からも照会がきたことがある。

G社のようなケースで、補助事業者はどのようにして二重課税を回避したのか私は知らない。まともに税金を支払ったら補助金で復旧はできないので、何らかの方法で回避したと思われる。

私はそれに関心があり、周囲にそのことを話したのだが、

「税金の問題はわれわれが首をつっこむ話ではない」

と言われた。役所では補助金支払い後のことについて語ることはタブーであるような雰囲気すら感じられた。

財産処分

ところが、グループ補助金の場合は、補助金を支払ったあとのほうが仕事は難しい。そのことは県も国も、グループ補助金の制度発足当初は、おそらく認識していなかった。それは先に触れた財産処分の件である。グループ補助金で復旧した建屋、機械、車両の数は膨大なものである。正確な数を私は把握していないが、おそらく3万件は超えるであろう。この数が従来の補助金と決定的に異なっているところだ。

これらの施設・設備がすべて法定耐用年数を経過するまで無事に使用されるとは限らない。車両は事故で破損することがある、機械は故障して使えなくなることがある、建物は火災で焼失することがある。あるいは事業者が破産してしまい、施設・設備とも処分されてしまうことがある。

そのような場合は補助金を返還してもらわないといけないのだが、その返還額の計算などについては、はじめてのケースの連続で、そのつど国と協議しなければならず、それに要する労力と時間はかなりのものがあった。

一方で、グループ補助金を申請する事業者の数は毎年減少してきたから、宮城県でグループ補助金を担当している企業復興支援室の人員も大幅に減らそうという動きがあった。

私は、補助金を出すほうの仕事量は確かに減るが、今後は財産処分の仕事が増えるので人員を減らしてはいけないと折にふれて提言した。私が提言したからではなく、県も財産処分の仕事量の大きさに気がついたからだと思うが、大幅な人員削減には歯止めはかかったようだ。

しかし、当初は減らそうとしていたということは、やはり補助金を出すことにのみとらわれていて、出したあとのことは考慮になかったのだ。

私が「支払ったあとのほうが仕事は難しい」と書いたのは、単に量的処理の問題ではない。もちろんそれは大きな問題なのだが、私がより言いたかったことは質的なものである。

補助金適正化法の第二十二条に「担保に供してはならない」という文言があったことを思い出していただきたい。廃棄したり売却するのが「処分」だというのはわかるが、銀行などに担保提供するのも「処分」だというのは理解に苦しむ。

抵当権等を設定しても、その物が滅失したり所有権が移転したりすることはないからだ。しかし、担保提供は財産処分にあたらないと主張しても、もう決められていることなのでどうにもならない。

とにかく、グループ補助金の仕事で私がもっとも苦労したのが、この担保提供だ。補助金で取得した建物を銀行などに担保提供するのは原則禁止なのだが、県の承認を得れば可能である。承認書は県知事名で出すが、それには国の承認が必要で、実際は国が審査をしている。この国の承認をもらうのが簡単ではない、いや極めて難しい。

通常の補助金であれば、おそらく補助金で新しく建物を建てるのであろうから、新たに取得したものを担保に入れるなというのはわからないわけでもない。しかし、グループ補助金は以前あったものを復旧するのだ。以前の建物には銀行の抵当があったかもしれない。銀行は上物だけを担保にとるということを普通はしないから、建物が担保に入っているということは土地も担保に入っている。これが事態を複雑にしたのだ。

建物が津波で流出したとすると、建物は消滅してしまったので当然抵当権も消滅する。したがって、建物を建て替えればまた抵当権を設定しなければならないと思い込んでいる事業者は多い。銀行は、担保になっている建物を建て替えたらまた担保に提供します、という念書を事業者からもらうからだ。

こうして、補助金によって復旧した建物に、県、国の許可なしに再度抵当権を設定してしまったというケースが少なからずあった。

このような場合は、抵当権をはずしてもらうか補助金を全額返却してもらうことになるのだが、いずれにしてもそう簡単なことではない。日本でもトップクラスの資金量を有し、全国に支店網をもつ金融機関の仙台支店長が、

「以前から根抵当がついていたものを元の状態に戻しただけなのに、はずせとは何事だ」

と、いきなり県の部長に苦情を申し入れてきたことがあった。いくら部長でもどうにもなら

ず、その支店長は東北経産局にも出向き、根抵当の設定を認めるよう訴えたのだが、主張は認められることはなかった。

このような問題が起こるのは、もちろん事業者や銀行の理解不足によるものだ。私も三十数年金融機関に勤務していたが、補助金で取得したものを担保にいれてはいけないということを知らなかった。県で補助金の仕事をしてはじめて知った。

しかし、自分の無知の言いわけをするつもりはないが、理解不足と決めつけるのは少し酷なような気がする。その理由は先に述べたとおりだが、そもそも担保設定を財産処分の範疇に含めることには無理があると私は考えている。そのことについては「第4章　提言」で詳述したい。

第1章で、補助金は「御普請」の思想を引き継いでいると書いたが、それはこの「財産処分制限」という考え方にも垣間見える。

「せっかく補助金を出してやったのだから、それで買ったものは大切に使えよ。担保に入れるのもだめだぞ」

というわけだ。

補助金は恩恵なのだ。補助金は出してしまったらそれでおしまいであって、その補助金が効果があったかどうかなどにはまったくおかまいなしなのだが、恩恵であることだけは補助金を出した後でも忘れさせないようにしてあるのだ。

4　補助金の正当性をめぐる議論

補助金と保険

グループ補助金についての記述がやや長くなってしまったが、ここでもう一度グループ補助金の正当性について考えてみたい。

論点になるのは「個々の私企業に対して税金を投入するのはいかがなものか」ということだろう。

これは国も意識していて、グループ化というカムフラージュをしたのだが、先に書いたように、私はその必要はなかったと考える。堂々と「個々の私企業に出します」でよかったのだ。

壊滅した地域の産業の復旧は、すなわち個々の企業の復旧にほかならない。個々の企業が復旧してはじめて地域が復旧、復興するのだ。

企業が利益を上げることに対して嫌悪感を示す人もいるが、私は、利益を上げるのが企業の本分であると思っている、利益を出さないのであれば、それは企業として存在価値がないとすら思っている。企業の存在価値とは、利益を上げ、多くの税金を払うことによって社会に貢献することだ。

一時、企業のフィランソロピー（企業が公益のために行う慈善活動や社会貢献）がもてはやされたことがある。私はそれを非難するつもりはないが、無理にフィランソロピーという難しい言葉をかかげて、これみよがしにやらなくてもいいだろう。

無理な活動をしなくても、より多くの税金を支払えば社会に還元されてフィランソロピーと同じ効果をもたらすのだ。個別企業に対する復旧補助金も同様で、その投入によって再び税金を支払えるようになるならば補助金の効果があったと考えていいだろう。

グループ補助金の正当性は、企業の税金支払い能力を復活させることに求められるといってもいい。しかし、それでもなお、企業の復活のためには税金を投入するしかなかったのだろうかと考える人はいる。

例えば、先に挙げたＮＨＫの「東北ココからＳＰ」でコメンテーターの名古屋大学大学院の斎藤誠教授は、グループ補助金が熊本地震にも適用されたことについて、「熊本と東北だけが優遇されていいのか、一企業の資産形成に補助金が大規模に投入されるのは、税の公平性という観点から考えると、いかがなものか、資本主義社会なのだから企業の自己責任において行われるべき」という趣旨の発言をした。

斎藤教授の主張は、グループ補助金は不要だったということではなく、今後大規模災害のたびに多額な補助金が支出されれば大きな国民負担になるので、補助金の規模を縮小すべきだということであった。だが、個別の企業に対する補助金については、「自己責任」という言葉を使ったことからも、肯定的ではないことがうかがわれる。

それは、たぶん、斎藤教授だけでなくほとんどの学者の見解であろう。斎藤教授は明言しなかったが、企業の「自己責任」と言ったとき、補助金と地震保険の関係も頭の片隅にあったのではないだろうか。

資本主義社会にあっては、企業は公的支援に頼らないというのが大原則である。災害や事故に遭遇したときのために、損害保険に加入しておくのは企業経営者として当然のことだ。おそらく１００％近い企業が自己の施設に火災保険をかけているだろう。しかし、地震保険をかけている企業は意外に少ない。

私は損害保険だけでなく保険一般に疎《うと》いのだが、地震保険というのは保険料が高いということを聞いた。特に宮城県では、１９７８（昭和53）年の宮城県沖地震以来、地震の多発地域であるとされ保険料率が高いとも聞いた。

それが事実であれば高い保険料のせいで地震保険の加入者が少なかったというのも頷けないこともない。しかし、宮城県沖地震以来、宮城県では地震保険に入る人が多くなったとも聞く。加入者が多くなれば保険料率は下がると思うのだが、私にはよくわからない。

それはさておき、グループ補助金の受給者のなかに、地震保険がおりたという企業ももちろんあった。また、地震保険には入っていなかったが、建物が地震による火災で焼失し火災保険がおりたという企業もあった。

しかし、グループ補助金の制度発足当時、補助金と保険がかぶることについては問題にされなかった。当初は、保険は自分で保険料を負担していたのだから、つまりコストがかかっているのだから補助金と同列ではない、と考えられたようだ。

ところが次第に、復旧のための補助金なのだから何らかの形で復旧ができるのであれば補助金は必要ないのでは、という考え方が出てきたのだ。そして、議論が重ねられ、結局は地震保険等と補助金のかぶりは認められないということになった。

グループ補助金が支給されるのは、復旧に必要な経費の4分の3だということは先に説明した。

例えば、工場を復旧するのに1億円かかるとする。この場合は7500万円の補助金が出て、2500万円は自己負担である。そこに地震保険が1億円下りたとする。この場合は保険で全部カバーできるので、補助金は1円もでない。

では、保険が2500万円下りたとしたらどうか。この場合は、地震保険は自己負担の部分に充てられたとされて、補助金は満額出る。

では４０００万円ではどうか。この場合は、自己負担額２５００万円を超える部分、つまり１５００万円が削減され、支給される補助金は６０００万円となる。

つまり、受領した保険金が自己負担額を超える場合は、その部分の補助金を削減する、ということになったのだ。この取扱いは合理的であるようにみえる。私自身もこれしかないだろうと思う。しかし、何か釈然としないものが残ったのも事実だ。

事業者のなかには保険金を受領したことを隠していた者がいるかもしれない。そういう者が補助金を満額受け取ったことが釈然としない、ということではない。

自分でリスクを考慮し費用をかけて保険に入っていた者は補助金をもらえず、リスクを考慮しなかった、あるいは、考慮はしたが費用を負担しなかった者は補助金をもらえる。これは不公平ではないか。直接聞いたわけではないが、実際にこう主張した事業者がいたのを私は知っている。

この「不公平ではないか」という主張に反論するのはそう難しいことではない。

「この補助金は復旧のための補助金ですから、補助金の必要なしに復旧できた人には補助金は出ないのです（それに、あなたは支払った掛金以上の保険金を受け取ったのだから充分もとはとったでしょう）」

と言えばいいのだ、カッコ内は口に出さないほうがいいと思うが。そう言ってしまえば、とりあえず非難は避けられる。

だが、実は「不公平ではないか」という主張を完全に退けることはできない。保険金で復旧した事業者は、そうではない事業者が受領した補助金の一部を負担したことになる、と考えることができるからだ。

健康保険などの社会保険や公的年金では、掛け金を収めていなければ健康保険は適用されずすべて自己負担になるし、年金ももらえない。しかし、年金においては、一時、何らかの事情で掛け金を払っていなかった期間が生じていた人も救おうと検討されたことがあった。

このとき、ずっと掛け金を払ってきた人たちからは「まじめに払ってきた正直者がバカをみる」という声が上がった。グループ補助金の受給対象者からは、「地震保険の保険料を払ってきた者がバカを見る」という声は聞かれなかったが、そのような考えはあったのではないか。

補助金は年金や社会保険とは異なる。しかし、財源が税金である以上、納税者は自分に直接関係のないことでも負担していることになる。

私は税の所得再分配効果というものを信用しているので、そのことはしかたがないと考えているが、なかには税の所得再分配効果など認められないという人もいる。経済学者の世界ではそう主張する人のほうが多数派かもしれない。

フリードマンの思想

いま私の手元に、ミルトン・フリードマンの『選択の自由』という本がある。ノーベル経済学賞を受賞した世界的な経済学者の書いたこの本が出版された１９８０（昭和55）年にすぐに買い求め、それから40年間、いまだにときおり読み返している。フリードマンの主張に感銘を受けたからではない。彼の主張には反対であって、どう反論したらいいだろうかと常に考えているからだ。

しかし、具体的な事例、数字を挙げて単純明快に論を進めるフリードマンを論理的に反駁するのは難しい。私のレベルで非難するとすれば、「弱者に寄り添っていない」というような感情的なものになってしまう。

それはさておき、「はじめに」でアメリカの経済学の教科書には「補助金」という言葉は出てこないと書いたが、『選択の自由』は教科書ではないので「助成金」という言葉が頻繁に出てくる。

訳者の西山千明（経済学者）が「助成金」と訳出した原語を私は調べていないが、おそらくＧＲＡＮＴかＳＵＢＳＩＤＹのいずれかであろう。あるいはＢＯＵＮＴＹかもしれない。いずれにしても「補助金」とほぼ同義である。

フリードマンは徹底した市場原理主義者で、政府の関与はすべて否定するという立場であるから、当然助成金に対しても否定的見解を示す。その矛先は、助成金を与える政府だけでなく、受け取る方にも向けられる。例えば、このような記述がある。

《アメリカ合衆国の鉄鋼産業は国家安全保障を理由にして助成金の交付を訴えながら、アメリカ合衆国の安全保障を準備するのに、どんな異なった方法があり、それぞれがどんな費用を必要とするかの見積もりを、これまで提出してくれたことは一度もなかった。》

これは、国家の安全保障のために鉄鋼産業が経済的にどれぐらい貢献しているのか、それを示せば助成金の交付もありえる、と言っているように読めないことはない。しかし、おそらくフリードマンは、「見積もり」が提出されるとは思っていない。端から鉄鋼産業に助成金が交付される理由など存在しないと考えているのだ。

彼は政府の干渉をことごとく嫌悪する。大学は私立であるべきだとして、州立大学の存在に疑問を示す。それどころか、義務教育の制度も必要ないというのだ。

消費者保護のために重要な役割を果たしていると思われる食品医薬品局や消費者製品安全委員会をもこきおろす。エネルギー庁の環境政策も誤りだと言うし、連邦政府の社会保障プログラムも無駄遣いだと非難する。

そもそも「福祉国家」は欺瞞だとして「現行の福祉政策の大半は、そもそも制定されるべきでなかった」と彼は言う。

フリードマンの議論は、私たちには極論であるかのように思える。しかし、現在では彼の主張は世界各国で取り入れられ実現されているのだ。

日本でも「民営化できるものは民営化する」との方針のもとに郵政民営化などが実施された。私の住んでいる宮城県では、水道事業までが民営化されようとしている。私は水道の民営化には反対であるが、フリードマンは草葉の陰で頷いているだろう。

もう一つ彼の主張が認知されるようになったのは「平等」という概念についてだ。彼は、アメリカ建国時の平等とは「神の前における平等」を意味したが、その後は平等とは「機会の平等」を意味するようになった、という。

「すべての人は、目的を追求していくにあたって、自分自身の能力を使用するのに、どんな恣意的な障害によっても妨げられることがあってはならない」というのが「機会の平等」の意味だという。

ところが１９７０年代後半のアメリカでは、すべての人びとが生活や所得で同一水準になければならないなどとする「結果の平等」という新しい意味が出現するようになった、としてから「このような『結果の平等』は、明らかに自由と衝突する」と言う。

現在のアメリカでは、日本でもそうなりつつあるが、「結果の平等は個人の責任であるから保障されなくてもいい。機会の平等が保障されればいいのだ」という考え方が支配的である。「結果の平等」ということを最初に言ったのがフリードマンであるかどうか私は知らない。しかし、「機会の平等」と「結果の平等」とを区別して議論することに火をつけたのがフリードマンであることは確かだ。

彼は１９７０年代から増大してきたアメリカにおける政府の干渉を、日本風に言えば「角を矯めて牛を殺す」ものとして非難したのだが、もちろん政府などいらないと言っているわけではなく政府の一定の役割は認めたうえで、こう言っている。

《アダム・スミスが主張した政府の第三の任務がこれまで誤って利用されていた。そこからわれわれが学びとらなくてはならない教訓は、「どんな政府による介入も、決して正当化されない」ということではなくて、「どうして政府による特定の介入政策を必要とするかの証明が、その特定の介入政策を主張する人びとの責任において、提出されなければならない」ということだ。どんな政府による介入が提案されるにしても、**それがどんな利益と費用をもたらすことになるかを、つねに調べてみる習慣をこしらえあげ**、政府による政策が採用されるのに先立って、それが発生させる費用や悪い影響よりは、はっきりと利益のほうが大きくなるということを明らかにするようにしなければならない。》（『選択の自由』第一章「市場の威力」）。〈※太字処理は庄司による〉

フリードマンによれば、アダム・スミスは『諸国民の富』で政府の役割を三つ挙げているという。第一は国防、第二は厳正な法の執行を確立すること、そして第三は公共事業や公共施設を樹立し維持していくことだ。

フリードマンは第一、第二は単純明快だが、第三の任務はやっかいな問題を発生させるとして、「このスミスが主張した第三の任務は、政府の権力が無制限に拡大していくのを正当化するように解釈できる危険性をもっている」という。

フリードマンは、政府の第三の任務を無条件で承認しているわけではない。その政策の費用と効果を調べることが必要だとしている、条件付き承認だ。

民間企業は常に費用対効果を意識しているが、政府をはじめとする公共部門はふだんそのことはほとんど意識していない。フリードマンの主張は、公共部門もコスト意識を持たなければならない、ということだ。

これを補助金にあてはめることができるかどうかは難しい問題だ。フリードマン流に言えば、補助金の正当性は費用対効果の問題をクリアしてはじめて保障される、ということになるだろうが、そもそも補助金は市場の外の問題への対応なのだから、費用対効果という市場の概念を通して論ずるものではない、という反論も予想される。

しかし、特に補助金Ｂにおいては、効果測定は必要であると私は考えている。このことについては第４章で詳述したい。

ところで、フリードマンは『選択の自由』で、アダム・スミスの提示した政府の三つの任務に加えて、政府には「第四の任務」があるとしている。それは明確に書かれていないのだが、子どもを親から守ること、と私には読める。

私は１９８０年代のはじめにアメリカにいたが、その当時はＣＨＩＬＤ　ＡＢＵＳＥ（児童虐待）が大きな社会問題になっていた。おそらくフリードマンの念頭にあったのは、この児童虐待の問題であっただろう。

日本でもいま、児童虐待の問題が取り上げられることが多いが、児童相談所などへの政府支出は、フリードマンも異を唱えないだろう。

この「第四の任務」は、スミスの時代にはそれほど強く意識されることはなかった。子どもが大人とは別の存在であると意識されるようになったのは、資本主義経済の進展の結果である。それ以前は大人と子どもの区別はなかった。ジャック・ソロモンは『アメリカの素顔』（丸善ライブラリー　１９９２年）でこう言っている。

《今のような大人と子どもの区別は、産業革命によって経済活動の中心が農場から工場や事務所へ転じたことに端を発した。一八、九世紀、ヨーロッパの人口の大部分が田舎から都市へと移動し、その結果新しい経済秩序の中で、子どもはやるべき仕事が少なくなってきた。都市に住む限り、豚にえさをやる必要はなく、農場を耕す必要もない。父親が家族中の賃金をもうけ、母親は家の中の世話をする。子どもはといえば、ほとんど責任のない存在となった。》

資本主義経済システムが支配的になる以前の時代は、子どもの労働は当然のことであったが、資本主義経済の進展につれ、子どもの労働は自然に反するものと見なされるようになった。ヨーロッパでは幼年労働法が制定されたり、義務教育の制度が確立していき、子どもを保護することは社会の仕事になった。

資本主義経済システムの進展は、政府の任務を限りなく小さくしていくものなのだが一方で、補助金の支出の増大につながるような、子どもの問題のように新たな任務をもつくり出したことを忘れてはならない。

アダム・スミスの思想

『選択の自由』ではアダム・スミスについてよく言及されているが、実は『諸国民の富』でスミスは補助金について言及している。第四巻の五章は「ＯＦ ＢＯＵＮＴＩＥＳ」となっていて、かなりのスペースをＢＯＵＮＴＹについて割いている。

日本語版の訳者の大内兵衛はＢＯＵＮＴＹを「奨励金」と訳したが、「補助金」と同義として差し支えない。

ここでスミスは、輸出奨励金、特に穀物貿易の輸出奨励金について論じているのだが、その効果については批判的である。彼は、奨励金によって外国市場が拡大したとしても、それは国内市場の犠牲によってなされたものだという。

そして穀物の輸出奨励金は、輸出に対する他の奨励金と同様、国民に対し奨励金の財源としての租税の負担を強いるものであるし、穀物の生産者である農業者にも地主にも利益をもたらさないと説く。

世界貿易機関・ＷＴＯには「補助金協定」というのがあって、補助金に関するさまざまなルールが定められている。そのなかで輸出補助金は「レッド補助金」と呼ばれて禁止されている。

２０１８（平成30）年6月に日本政府は、韓国が自国の造船業界に不当な補助金を支給しているとしてWTOに提訴する手続きを進めていることが報じられた。

WTOの補助金協定は自由な貿易競争を守るためのものだが、スミスの輸出奨励金批判は、自由貿易の推進のためというよりは、重商主義を批判したかったのだと思われる。重商主義者は、富とは金銀のことにほかならないとしたが、スミスは「労働によって生産されたもの」が国民の富だと主張したのだ。

スミスは奨励金全般を否定したのではなかった。「OF BOUNTIES」の章で、国防にかかる奨励金については、次のように述べて是認している。

《〈国の防衛のために必要な製造業者への奨励金は不合理なものではない〉

何か特別の製品が本当に社会の防衛に必要であるならば、その供給を近隣諸国に頼ることは必ずしも用心深いとは言い難い、そしてそのような製品を他の方法では国内で保持することができないのなら、それを保持するために他の産業のすべての部門に課税することも不合理ではない。英国製の帆布及び英国製の火薬への輸出奨励金は両方とも、おそらく、この原理によって擁護されるだろう。》（THE WEALTH OF NATIONS BOOK Ⅳ CHAPTER Ⅴ）。〈※訳は庄司による〉

スミスは同章でニシンの輸出奨励金についても言及している。この奨励金についてもスミスは、船員と船舶の数を増加させることになるので国防のためになると言えないこともないと、一定の評価はしているものの、やはり効果については批判的である。

特に、船舶のトン数に応じて奨励金が与えられることについては、それが「漁労における勤勉と成功」によるものではないことに疑問を呈している。

なぜなら、トン数に応じて奨励金が与えられることになると、「魚の捕獲（CATCH）」ではなく、ただ「奨励金の捕獲（CATCH）」のための艤装が普通になるのではないかとスミスは危惧しているのだ。

18世紀に、すでにスミスが現代で問題にされることが多い補助金受給者のモラルハザードについて言及していることは興味深い。『諸国民の富』は読み返すたびに新しい発見があり、つくづくスミスの先見性と洞察力の深さには感心させられるのだが、ここではスミスについて論ずることがテーマではないので、補助金の正当性の問題に戻ろう。

補助金と幼稚産業

補助金の正当性の問題については、スミスもフリードマンも基本的な見解は一致しているといっていい。それは、市場に馴染まない分野では補助金の支出が認められるということだ。

フリードマンは、このようなケースには補助金の支出は不合理ではないとスミスが表明したような、ある種の補助金の擁護の表明はしなかったが、政府の四つの役割を認めているのだから、その四つの部門に関する補助金は是認することになるに違いない。

しかし、スミスの時代には希薄であった考え方、機会の平等と結果の平等を区別する考え方を取る人たちは、補助金に対する姿勢はスミスより厳しいものとなるだろう。

例えば、フリードマンは『選択の自由』で、いわゆる「幼稚産業」の保護について言及している。そこでは幼稚産業の保護育成のための関税について論じているのであって、補助金について論じているのではないが基本的には同じだ。

彼は「幼稚産業の保護育成のため、初期において関税で保護することは、結果的にはその国の消費者たちがこの産業に助成金を与えるのに等しい」と厳しく非難する。

さらに「『幼稚産業』論は、ひとつの煙幕でしかない。このいわゆる『幼稚産業』は決して成長することはないのだ。いったん実施されてしまうと、関税はほとんど廃止されることがない」とし、「本当の幼稚産業は、代弁者をもっていないものだ。『幼稚産業』論は、政治的圧力をかけることができる年老いた『幼稚産業』企業たちが、関税を正当化するために使ってきた議論だ」と続けている。

フリードマンが「本当の幼稚産業は代弁者をもっていない」というとき、私はソニーを思い浮かべる。ソニーが創業間もないころ、研究開発のためにアメリカからトランジスターを輸入しようとして通産省に輸入申請をした。

通産省は、当時は東京通信工業と称していた小さな町工場がトランジスターを扱える技術力を持っているとは思えないと判断して、なかなかトランジスターの輸入を許可しなかった。

その後、ソニーがトランジスターラジオの普及に成功し世界的な企業に成長したのは誰もが知っていることだが、当時はソニーの代弁者はいなかった。ましてや補助金が出ることもなかったのだ。

フリードマンは、偽物の幼稚産業と本物の幼稚産業を区別すべきだと言っているように見えるが、おそらくは、「幼稚産業」という概念を認めてはいないようだ。彼はこうも言っている。

《どんな産業分野でも、これに最初に参入した企業は、将来、損失を取り戻すことができるという希望のもとに、その損失をがまんするのが普通ではないのか。結局のところ大半の企業は、その創立の初期においては損失を経験している。このことは、参入していった分野が新しい産業分野であろうが既存の産業分野であろうが、いずれの場合でもいえることだ。》

「結果の平等」について

フリードマンは、先の言でも機会の平等と結果の平等を区別する考え方を示しているように思われる。新規参入の企業は、最初は必ず苦労する。その後軌道にのるかどうかはその企業の努力次第であって、保護育成策があるかないかではない。つまり、新規参入が可能であるという機会の平等が保証されていれば、その後成功するかどうかという結果については、すべての企業が同じである必要はない、ということだろう。

このフリードマンの議論はかなりの説得力があるように見える。しかし、結果の平等は気にかけなくていいという主張がコンセンサスを得られるとは思えないし、仮に受け入れられたとしても、実際には機会の平等と結果の平等が明確に区別できない場合もある。そして、もちろん、平等だけが補助金支出の根拠になるわけではない。

例えば、グループ補助金のような災害補助金についてはどうだろうか。フリードマンは東日本大震災を知ることなく、発生の5年前にこの世を去ったが、もし東日本大震災を知ったら、あのような大災害であればグループ補助金もやむをえないというだろうか。それとも、災害等のリスク管理、例えば地震保険に加入するなどを怠った企業に税金を投入すべきではないというだろうか。また、昨今の新型コロナ禍経済対策の補助金についてはどうだろうか。彼なら、保険会社がパンデミック保険をつくればいい、そして企業はその保険に入って自己防衛すべきだと言うかもしれない。

経済学者でなくてもフリードマンと同様な考え方をする人はたぶん多い。例えば、ミステリー作家の森博嗣は、『素直に生きる１００の講義』（大和書房　２０１４年）でこう書いている。

《大雪が降ってビニールハウスが壊れたから、政府が援助をするというニュースを聞いて、僕は、「雪が降ったら壊れるものでしょう？」と呟いてしまった。そのつもりで、作ったものではないのか（援助が出ることが歴史的な認識なのかもしれないが）。

万が一こうなったら、そのときはこうする、というくらいは自分で考えておいてほしい。もし考えていなかったとしたら、まずは、その点を反省してほしい。》

森は「歴史的な認識」という言葉を使っているが、つまり、昔から何かあったら補助金が出るだろうと思われている、ということを指摘している。それではいけない、自分の責任でリスク管理をしておくべきだ、というのが森の考えである。

東日本大震災のような未曾有の大災害であればまた別かもしれないが、降雪によるビニールハウスの崩壊で補助金が出るというのは、確かに首をかしげざるをえない。

5　補助金と財政

補助金の財源

さて、これまでは補助金を出すことの正当性について論じてきたが、逆に出さないことの正当性について論ずるとすれば、「結果の平等」にかかわるような補助金は出すべきではないという主張は当然であるかのように見える。

国策会社でもない、つまり特殊企業でもなんでもない普通の企業に、赤字になったから経営維持のためにとすぐ補助金が出るとしたら、それはおかしな話だと誰しもが思うだろう。

では、「特殊な会社」が経営難に陥ったら補助金を出すことは問題ないのか。

例えば、実際に散見されることであるが、もとＪＲの路線を引き継いだ第三セクターの鉄道会社が経営難に陥ったとする。この場合は地域住民の交通手段の確保ということで、補助金の支出はやむをえないとされるのか、それとも、営業努力を怠った結果であるとみなされて、支援すべきでないとされるのか。

このようなケースを考えるとき、正当性のほかにもう一つの視点が出てくる。

それは財政の問題だ。実際、補助金が交付されるときは、特に補助金Ｂの場合は、その補助金の正当性うんぬんよりも財政的にゆとりがあるかどうかで決定されることのほうが多い。現実は、補助金Bに関する正当性の議論は財政的問題の前ではかすんでしまう。無い袖は振れないというわけだ。

私は、「正当性のほかにもう一つの視点が出てくる」と書いたが、それは適切な表現ではなかったかもしれない。東日本大震災の復興補助金のように、まず補助金を出すことが決められ、財源をあとで考えるというケースは例外であって、ほとんどの場合は、「もう一つの視点」というよりも、財政の問題と正当性の問題は一体なのだ。あるいは、正当性の議論は財源の確保が前提となっているといえるかもしれない。

絶対必要不可欠な支出があるのならば、「無い袖は振れない」などとはいっていられない。財政の問題はあとからついてくるはずだ。ただし、実際には、「絶対必要不可欠な支出」は本来の言葉の意味よりずっと幅が広い。

例えば、役所においては予算要求という仕事があるが、その際には、「この事業は必要不可欠なものである」という理由で予算が要求されるのだ。

「特に必要というわけではありませんが、予算がついたらやってみたいと思います」

などと言う役人は一人もいない。

もちろん優先順位はあって、後順位のものは本当は必要不可欠なものではないのだが、一応はすべて「必要不可欠」なものなのだ。そして、「必要不可欠」であるはずの支出は、そのときどきの財政事情によって幅が拡がったり狭くなったりするのだ。

ただし、いったん認められた補助金は財政事情が厳しくなっても簡単に廃止されるとは限らない。

フリードマンは幼稚産業に関する関税を論じたときに、「関税がいったん実施されてしまうと廃止されることはほとんどない」と言ったが、これは補助金にもあてはまる。序章で触れたワーグナーの「経費膨張の法則」が思い出される。

いま私の手もとに『中小企業のための補助金・助成金徹底活用ガイド２０１７―２０１８年版』（同友館　２０１７年）という本がある。この本は、中小企業が受給されうる補助金Ｂについて、その概要、申請手続きについて解説しているのだが、その補助金のあまりの多さに驚いてしまうし、なかには首をかしげるものもある。

例えば、同書２６０ページに「人事評価改善等助成金」というのがある。簡単に説明すると、中小企業が生産性の向上と従業員の定着を図るために人事評価制度と賃金制度を整備すれば50万円の助成金が出る。そのうえ、それによって生産性が６％以上伸びたという目標が達成されれば80万円の助成金が出るというものだ。

この助成金がどの程度利用されているのか私は知らない。しかし、利用度合いに関係なく、不思議な助成金だなというのが私の偽らざる感想だ。

中小企業といっても従業員が何百人もいる企業もある。そのような企業がたかが50万円のために人事制度を再整備するとは思えないし、零細企業であっても従業員の確保や生産性向上は企業の当たり前の課題であって、助成金をあてにするものではないだろう。

このほかにも厚労省所管の助成金には首をかしげるものが多いが、中小企業向けでなく個人住宅にも不思議な補助金が出ることがある。再度、森博嗣の著作から引用する。

《補助金とか助成金というものが実に沢山ある。

自宅の玄関前の階段に雨が当たるし、冬は凍って危険なので、ほとんど使えない。別の出口を利用しているのだが、これではせっかくの玄関がもったいない、と考えて、大きな庇を作って、玄関の階段を覆う工事をした。これを発注したら、工事業者の人が、役所に申請すると補助金がもらえる、と教えてくれた。それで、書類を書いて、役所へ持っていったら、あっさり現金がもらえた。工事費の三分の一くらいの金額である。これにはびっくりした。こんなにもらえるのか。その金はいったい何なのか、と。》（『「思考」を育てる１００の講義』大和書房２０１３年）。

私もまた、このような補助金が理解できない。自分の住宅を自分の都合で補修するのにどうして補助金が出るのだろう。

前の厚労省の助成金もそうだが、このような住宅の補修の補助金はおそらく、国や地方自治体の財政にゆとりがあったときにつくられたものだろう。どうしても必要不可欠な補助金とは思えない。

それが証拠に、先に引用した『補助金・助成金徹底ガイド』には、「どの助成金も企業が申請しなければ支給されません。わざわざ厚生労働省から『こんな助成金ができた』と、各企業に連絡が来ることはありません」と書いてある。

補助金は申請主義であるから企業が申請しなければ補助金が出ないのはそのとおりである。しかし、グループ補助金は、「各企業に連絡」こそしなかったものの、商工会議所などを通じて積極的にＰＲしたのだ。被災地で何度も説明会を行ったのである。

本当に切実な補助金であれば、支給するほうは積極的にＰＲするし、受給されるほうも情報を求めるのだ。その存在があまり知られていない補助金はどうでもいい補助金なのだ。

おそらく、そのほとんどは、財政にゆとりがあったときにできたもので、いったんできたものはなかなか消滅しない、ということなのだろう。

「小さな政府」と「大きな政府」

とにかく、補助金は財政に大きく左右されるのは確かだ。そして、財政の規模は国民の政府に対する期待度によって決定される。つまり、補助金も国民の政府に対する期待度に依存する。別の言葉を用いれば、補助金は国民が「小さな政府」を望んでいるのか「大きな政府」を望んでいるのかによって決まるのだ。

私自身は、自分でも首尾一貫していないことは認めるが、どちらがいいのかよくわからない。私は市場システムが万能だとは考えていないので「小さな政府」を望んではいないが、政府部門の非効率を身を以て体験すると、もう少し民間企業の考え方、つまり商業主義的な考え方をとりいれてもいいのではないかと思ったりもする。

グループ補助金の正当性について私は、補助金を受給した企業が税金を払えるようになれば補助金の効果はあったといえるのだ、と書いた。これだけ見れば、私は「大きな政府」論者なのかもしれない。「小さな政府」論者からは、「税金を払わせるために税金を投入するのか」と批判されるだろう。

「小さな政府」の信奉者は、税の所得再分配効果を信用していない、あるいは、再分配効果は認めるが税金を支払いたくはない、のどちらかだ。

では、「大きな政府」を容認する者がよろこんで税金を支払うかというとたぶんそうではないだろう。世界中どこでも、政府は税金をたくさんとりたいし、国民は税金の支払いを最小限にしたい。

ロナルド・ドーアはかつて『不思議な国　日本』（筑摩書房　１９９４年）で、国民の納税アレルギーと民主主義の関係について書いた。

《民主主義の再検討は、選挙の在り方より政治体制のさらに深奥のところまで及んでいる。アメリカ人の納税アレルギー――レーガン政権が迎合的に拍車をかけた納税アレルギーがますますアメリカの政治を支配するようになった。「増税しない。予算の赤字解消策はすべて支出切り下げによるべし」と約束しなければ当選できないというのが通説になった。》

ドーアは、民主主義社会においては増税が簡単にできなくなったと言っているのだ。さらに、「現在、貧富の差が大きくなりつつあるアメリカでは、むしろ福祉制度など、再分配のための財源としての税金さえ問われてきている」と言う。

そして、これはアメリカだけの問題ではないとし、１９５９（昭和34）年に行われたベバンの「代表民主主義制度がしかれているあらゆる国に共通な問題がある。民主主義の中心的課題といえよう。どうやって経済合理性と選挙民の間での人気を両立させるかという問題である」

という演説を引用している。

ベバンはウエールズ出身の労働党に属していた政治家で、アトリー内閣で保健大臣を務めた。イギリスの国民保健サービス（ＮＨＳ）をつくった人だ。

新型コロナウイルスによる危機的状況から復活したボリス・ジョンソン英首相の演説でよく知られるようになったこのＮＨＳは、イギリス国家予算の４分の１を占めているがその財源の捻出には昔から苦労していたのだ。

英米だけでなく、日本でも増税は簡単ではない。消費税を３％から５％に上げた翌年の１９９８（平成10）年７月の参議院選挙で、自民党は敗北を喫した。２０１５（平成27）年10月に消費税を10％にする増税法案が成立したあとの総選挙での民主党の大敗は記憶に新しい。それぞれ橋本首相、野田首相が退陣している。

これだけ見ると、日本の国民も「小さな政府」を志向しているように思える。しかし世論調査で「政府に期待すること」という項目では、「社会保障の充実」がつねに一位か二位にランクされるのだ。「社会保障の充実」を求めるということは「大きな政府」を容認することだ。ただし、増税は認めない。まさに60年前にベバンが指摘したことである。

日本は「小さな政府」と「大きな政府」のどちらを目指しているのかよくわからないところがあるが、最近は郵政民営化に始まって、水道事業まで民営化するという動きがあり、「小さな政府」を志向しているといっていいだろう。

ただし、おそらくその動きは一直線には進まず、揺り戻しがあるだろう。１９８０年代から顕著になった欧米での民営化の流れも、最近は見直しの動きがあるのだ。

ＮＨＫのＢＳ１で平日のみ『ワールドニュース』という番組が放映されている。２０１９（平成31）年2月1日のフランスのニュースでは、高速道路の料金値上げが報じられた。

そのニュースでは、途中でうまく高速道路を下りたり入ったりすれば料金を節約できる方法を紹介していたが、相次ぐ値上げに国会議員が高速道路会社の再国有化を主張したことも伝えた。ただ、高速道路会社は維持のために値上げは必要としているが、フランス政府は２０３６（令和18）年の契約期限まで口出しはできないとも報じた。

ニュースでは、どちらかといえば料金節約の方法を紹介するほうに重点を置いていたようだが、私には安易な民営化を批判するトーンもあったように感じられた。

フランスでは、２００５（平成17）年に国が株式を保有していた高速道路会社３社を投資銀行などに売却した。そのときに「あまりにも安く売りすぎた、その10倍でも売れたのではないか」と批判があった。

こういった不満の積み重ねによって、２０１９年の3月に「黄色いベスト運動」と呼ばれる政府への抗議活動が先鋭化した。毎週土曜日にデモが行われ、２０１９年3月16日にはシャンゼリゼ通りの商店やレストランが暴徒に襲われ、略奪や火災が発生する事態となった。

「黄色いベスト運動」の狙いは、燃料税の削減や「富に対する連帯税」の復活などで、高速道路の民営化とは直接の関係はないが、富裕層を優遇する英米スタイルの経済政策をフランス政府も採用していることへの批判であるといっていい。

西欧近代国家の目標である自由と平等の実現について、アメリカは平等よりは自由を重視し、フランスは自由よりも平等を重視してきた。

ただし、アメリカ人とフランス人の平等感にはおそらくかなりの差がある。

アメリカの建国時、ヨーロッパから渡ってきた人たちの旧大陸での身分や地位は、新大陸では何ら意味を持たなかった。全員ゼロからのスタートであった。「貴族の出だから」「富豪の息子だから」で優遇されるということはなかった。みな平等で同じスタートラインから出発した。

その後、富裕になったかどうかは各自の努力の結果なのだから、平等にならなくてもしかたがないのだ、むしろ不平等になるのが当たり前なのだとされた。

一方、昔のフランスでは貴族の子に生まれるか農民の子に生まれるかでは大変な差があった。生まれた時点ですでに身分、地位の不平等があり、それは各自の努力で克服できるものではなかった。

その不平等を完全になくすことはできないにしても、国家の力によって不平等を是正しよう、できるだけ平等に近づけようというのがフランス革命の理念であった。フランス人は国家によって守られるはずであった。

ところが現在は、フランスだけでなく日本でもそうなのだが、アメリカ型の「小さな政府」を目指していくことが世界的な趨勢であるようだ。しかし、いっきに一つの方向に向かうことはなく、必ず揺り戻しがあり、行ったり来たりしながら動いていくことになるだろう。

日本もそうだ。アクセルを踏んだりブレーキをかけたりしながら進んでいくことになるのだろうが、アクセルとブレーキの加減によって、補助金も影響をうけることになる。特に補助金Bは大きな影響をうけるが、基本的には完全に消滅してしまうことはない。

税金のキャッシュバック

補助金が完全に消滅してしまうことはないと前段で書いたが、それは、森博嗣の言葉を借りれば「歴史的な認識」があるからだ、支給する側にも受給される側にも。

このことはすでに第1章で触れたが、もう少し理論的に考えてみたい。理論的というほどでもないかもしれないが、受給される側には「補助金は税金の戻りだ」という考えがある。

例えば、前掲『中小企業のための補助金・助成金徹底活用ガイド』には次のような記述がある。

《補助金は、国民から徴収した税金を財源としています。事業者のかたは、法人税を納めていますので、「補助金＝税金のキャッシュバック」と考えていただければ良いかと思います。》

補助金は税金の戻りという考え方は、日本特有のものでも現代のものでもない。二百年以上前にアダム・スミスが指摘していることだ。

スミスは、先に引用した『諸国民の富』の奨励金についての章で、「ＷＨＡＴ　ＩＳ　ＣＡＬＬＥＤ　Ａ　ＢＯＵＮＴＹ　ＩＳ　ＳＯＭＥＴＩＭＥＳ　ＮＯ　ＭＯＲＥ　ＴＨＡＮ　Ａ　ＤＲＡＷＢＡＣＫ（奨励金と呼ばれているものは、ときとして、戻し税にすぎないことがある〈※訳は庄司による〉）」と書いている。

このあとにスミスは「戻し税」の具体的事例を列挙している。「絹織物の輸出に対する奨励金は輸入した生糸と撚糸に対する関税の戻し税である」「火薬の輸出に対する奨励金は輸入した硫黄と硝石に対する関税の戻し税である」と。

解説するまでもないと思うが、火薬製造業者は関税がなければ安く原材料を調達できた。関税がかかっているばかりに高い原材料費を負担したことになる、その分が奨励金というかたちで戻ってきたというわけだ。

ところで、私はＤＲＡＷＢＡＣＫを「戻し税」と訳した（大内も「戻税」と訳し、ドロウバックとふりがなをつけている）が、ＤＲＡＷＢＡＣＫには、「欠点」「不利な点」という意味もある。

岩波の『英和大辞典』によればＤＲＡＷＢＡＣＫが（関税の）戻し税、という意味を持つようになったのは17世紀以降だという。つまり、ＤＲＡＷＢＡＣＫは第一義的には「欠点」なのだ。

私たちは、ＤＲＡＷＢＡＣＫを「欠点」と訳すか「戻し税」と訳すか決めなければならないが、18世紀の英国人はもちろん翻訳をせず、ＤＲＡＷＢＡＣＫはＤＲＡＷＢＡＣＫとして理解する。「欠点」と「戻し税」という両方の意味をもった概念として理解する。

スミスが、例えばＴＡＸ ＲＥＴＵＲＮとは言わずに、欠点という意味もあるＤＲＡＷＢＡＣＫという言葉を用いたのは、輸出奨励金と関税を好ましくないものと思っていたからではないだろうか。

税金を戻すぐらいなら最初からとらなければいい、スミスがそう思っていたかどうかはわからないが、フリードマンならそういうかもしれない。また、「小さな政府」論者は、ただいたずらに役所の仕事を増やしているだけで非効率きわまりない、と批判するかもしれない。

しかし、この「補助金をもらうために税金を払う」、「補助金を出すために税金を徴収する」という非効率な行動は、昔から延々と続いている。

これが森博嗣のいう「歴史的な認識」なのだ。もちろん、すべての企業が補助金をもらうために税金を支払っているわけではないし、補助金などまったくあてにしないという企業もある。

しかし、かなりの企業は補助金を求める。

私が宮城県経済商工観光部の企業復興支援室で仕事をしていたときの話をしたい。ある企業から電話で補助金についての問い合わせがあった。私はグループ補助金についての照会だと思い、グループ補助金の概要を説明したが、話していくなかで、その企業は被災しておらず、グループ補助金の受給資格がないことがわかった。

企業復興支援室の扱っている補助金はグループ補助金だけである。その他の補助金は各部の各課でそれぞれ扱っており、すべての補助金をどこかで一括して扱っているわけではない。

私はしかるべく部署に電話を回そうと思って、どういう事業を計画しているのかを尋ねた。すると、

「特に考えている事業はない。とにかく補助金がほしい」

という回答であった。

普通、補助金はやりたい事業を遂行するための資金の補てんであるはずだ。ところが、その

企業は補助金がもらえれば、その補助金に該当する事業を行うというのだ。本末転倒である。私はこのような電話照会を3回受けた。他の同僚も同様な経験をしている。「とにかく補助金がほしい」という企業はけっこうあるのだ。

先に、グループ補助金の不足分をまかなうための融資制度である「高度化スキーム」について触れた。私はこの融資の審査を担当していたので、申込企業の決算書等を調べ、経営分析を行っていた。

そのなかで、減資、つまり資本金を減額している企業があった。私は35年ほど融資の仕事をしていて、数多くの企業の決算書を見てきたが、増資はけっこうあったけれども減資した企業は確か2社だけだったと記憶している。

珍しいケースであったので、社長に減資した理由を訊いた。社長は、「このままだと中小企業でなくなってしまうので、税理士の勧めで減資した」と答えた。

中小企業の定義は、中小企業基本法で定められている。業種によって異なるが、例えば小売業であれば資本金が5000万円以下、または従業員が50人以下ということになっている。これはどちらかを満たしていればよく、従業員が300人いたとしても資本金が4000万円であれば中小企業なのだ。

その企業は、おそらく従業員が増えたのだろう。中小企業であることを維持するために資本金を減らしたのだ。その理由は、中小企業に対するさまざまな助成金や優遇制度がうけられなくなるから、というものであった。つまり助成金をもらうために中小企業にとどまる、というわけだ。

普通、企業というものは決算書の見栄えを良くするものだ。「見栄え」という言葉は適切ではないかもしれないが、投資家などの印象を良くするために、つまり資金調達を容易にするために決算書の見栄えには気をつかう。

減資の見栄えが悪いことはいうまでもない。証券市場から資金調達をすることができない中小企業は、資金調達を銀行融資に依存することになる。その際、減資は銀行にいい印象を与えない。何よりも、自己資本が減少するのだから経営分析の指標は悪化することになり、銀行は融資に慎重になる。

そのようなことを考慮しても中小企業にとどまって優遇措置をうけたほうがいい、という考え方には疑問を感じる人もいるかもしれない。企業というものは何らかの事業目的を達成するために設立されたものであり、助成金や補助金をもらうために設立されたわけではない。

しかし、補助金が定着し、もらうのが当然であるという考え方がいきわたるとこのような事例にはかなり出くわすことになる。それは企業活動の分野だけでなく政治の分野でも見られたことを私たちは知っている。

政党交付金がそれである。政党交付金を一般の助成金や補助金と同列に扱うのは乱暴かもしれない。しかし、これを定めている1994（平成6）年2月4日の法律第5号は「政党助成法」というのだ。「助成」という用語があるだけでなく、その内容からしても、一種の助成金、補助金とみなすことはできるだろう。

共産党は、政党交付金は憲法違反であるとして受領していない。私も、政党交付金の考え方に関する限りでは、共産党の考え方を支持するが、世界的には、アメリカには存在しないけれどもイギリスにはあるらしいから、まったく根拠のない制度だとはいえないのかもしれない。

しかし、イギリスの政党交付金の金額は日本に比べれば非常に少ないらしい。もっとも問題なのは、労組や企業などからの政治献金を制限する目的で制定されたものなのに、企業からの政治献金は残存しているということだ。

そして、以前は交付金支給日の直前に政党の集合離散が見られた。また、実質的にはほとんど同じ政党であるのに、既存の政党を解党し新たな政党をつくるということもあった。これらの行為は、明らかに交付金の受領を目的にしているといわざるをえない。政党は何らかの政治目的を達成するためにつくられるもので、交付金をもらうためにつくられるものではないはずだ。

さらにつけ加えれば、政党は税金を支払うことはない。政治家の資金管理団体も、例えばパーティ券の収入に対して法人税を払うことはない。

このように、政党交付金に関しては、「補助金は税金のキャッシュバック」という理論は成り立たない。そのような補助金も存在するということなのだ。ただし、グループ補助金もそうであるが、一般の補助金については、税金を滞納している企業は受給資格がないので、税金を払っていない企業は補助金をもらえないのだということは強調しておきたい。

政治と補助金の関係については次章で述べることとして、この章はそろそろ終えることにしたい。

この章では、主に補助金Bの性格や正当性について論じてきた。正当性については疑問視される補助金もあるが、そして補助金はそのときどきの財政事情に影響をうけるが、日本において補助金が全廃されることはない。

それは繰り返しになるが、日本という国が社会が、与えるほうも、もらうほうも補助金を必要とする構造になっているからだ。

このような社会経済システムであることをあえて分析しなくても、税金を支払っていなくても多額の交付金を受領している政党が政権を掌握し政府になったとして、税金を支払っている企業に「補助金は必要ないでしょう」と言えるわけがないのだから、補助金がなくならないということは明らかなのだ。

6　まとめ

この章もまたとりとめのない記述になってしまったので、私の言いたかったことを箇条書きしておく。

○補助金Ａは昔から弊害が指摘されているがなくなることはない。日本は補助金に依存する社会システムになっているからだ。

○それは地方公共団体が、アメリカとは異なって自発的につくられたものではなく、国によってつくられたものであるからだ。

○補助金Ｂは市場で解決されない分野、公共性、公益性の高い分野に投入される。「社会的共通資本」がキーワードになる。

○グループ補助金は東日本大震災からの復旧に大きく貢献しているが、さまざまな問題が顕在化した。特に「補助金の効果」の問題を考えさせることになった。

○アダム・スミスの時代から補助金については懐疑的な議論があった。最近では、例えばフリードマンのような市場主義経済学者は、「結果の平等」にこだわる必要はないという立場から、補助金を否定的に考えている。

○補助金は、国家の財政に大きな影響を受ける。国民が「小さな政府」と「大きな政府」のどちらを選択するかだ。

○補助金Bもまた、「歴史的な認識」があり、なくなることはない。

第3章　補助金の倫理

これまでは補助金の歴史や補助金の性格、正当性について論じてきた。以下では、補助金そのものから離れて、補助金をめぐる諸問題について論じてみたい。

１　モラルハザード

不正の歴史

補助金をめぐる問題といえば、まっ先に思い浮かぶのが不正受給の問題だ。例えば、２０１７（平成29）年の12月に、スーパーコンピューターを開発するベンチャー企業が経費を水増して補助金を不正受給したとして代表者が詐欺罪で逮捕された事件は記憶に新しい。

最近では、２０１９（令和元）年５月に企業主導型保育園補助金不正受給が新聞報道された。これは待機児童対策の一環として、国が２０１６（平成28）年から制度化した「企業主導型保育所」の助成事業で、工事費を水増し請求して国の補助金約８０００万円を不正受給したとして東京で保育事業を展開していた愛媛県の会社の代表者が逮捕されたという事件である。

このような事件は日本だけでなく外国でも起こる、そして、かなり昔からある。前章でアダム・スミスの輸出奨励金についての論述を紹介したが、彼は輸出奨励金についてこう言っている。

《生産に対する奨励金は、輸出に対する奨励金よりも詐欺行為に使われやすいということが経験上知られているとも言われてきた。これがどれぐらい本当なのか私は知らない。輸出に対する奨励金が数多くの詐欺的目的に濫用されてきたことは非常によく知られている。》（THE WEALTH OF NATIONS BOOK Ⅳ CHAPTER Ⅴ）。〈※原文は掲載略　訳は庄司による〉

スミスは、製造業に対する奨励金については、先に触れたように、是認されるものもあるという立場であった。したがって、製造業に対する奨励金の不正については「私は知らない」と煙幕を張るのだが、輸出奨励金については手厳しい。

これは言うまでもなく、富は金銀であるという重商主義の理論に異を唱え、富は労働によって生産されたものだと主張したスミスの立場を示したものだ。

製造業への奨励金と輸出奨励金とで、どちらにより多くの不正があったのかはわからないし、スミスも具体的な不正の事例を挙げていない。どのような不正がどの程度あったのかはわからないが、とにかく18世紀において、すでに補助金に関する不正は発生していたのだ。

19世紀アメリカの大陸横断鉄道の補助金の不正についても前章で触れた。鉄道の敷設地が平地だと1マイル当たり1万6000ドル、山岳地帯は4万8000ドルの補助金が連邦政府から出るのだが、平地を山岳地帯と偽って申告した例があった。

また、連邦政府からだけでなく、地元の市や町も補助金を出したため、実際は路線が確定しているのに他の市を測量し他のルートをも検討していると見せかけ、当初予定の市からの補助金をつり上げたということもあったようだ。

「正直が最善の策」ということわざがある英米でも、昔から補助金に関する不正はあったのだから、「正直者がばかを見る」とよく言われる我が国においては、たぶん昔から補助金に関する不正は多かったのだろうと思う。

第1章で、会計検査院がすでに明治時代に「復旧の範囲を超越したり、不急の工事を」している事例が見うけられると指摘したことを書いた。

これは補助金Aであるが、補助金Bについても昔から不正はあったと思われる。それが広く知られるようになったのは、たぶん、昭和期、それも戦後のことだと思われる。断定的な表現を避けたのは、戦前にも大きく世間を騒がせた事件があったかもしれないのだが、私が見つけることができなかったからだ。

多久島事件

前掲『補助金制度論』の「討論　補助金制度の問題点」で東大教授（当時）の田中二郎が次のような発言をしている。

《最近、御承知の農林省の農業共済団体に対する補助金使い込みをめぐるいわゆる多久島事件を契機として、補助金の問題が社会的にも非常に注目されることになりました　―この事件そのものは地方財政と直接結びついた問題とはいえませんが―　補助金一般の問題として、単に政府と地方団体との関係についてだけでなく一般国民が広く補助金制度に積極的な関心を示すようになりまして、今までの財政的な見地からの問題が、一つの社会問題として注目されるようになってきたといってよいでしょう。》

『補助金制度論』が出版されたのは１９５７（昭和32）年7月であるので、田中のいう「最近」とはそれ以前のことだ。

では「補助金の問題が社会的にも非常に注目されること」になった多久島事件とはどんな事件であったかを見てみよう。以下の記述は、新田博の『多久島事件の全貌』（農政タイムズ社　１９５６年 ※以下『全貌』と略す）による。

《昭和31年6月5日の夕方、農林省の安田農林経済局長が記者会見を行った。農林事務官の多久島貞信（当時26歳）が、各県の農業共済団体向けの国庫交付金の一部千二百万円を横領、行方不明となった、そこで農林省は5日に、公文書偽造、業務上横領の疑いで東京地方検察庁に多久島を告発するとともに、職務規律違反で懲戒免職処分にした。なお、警視庁捜査二課もこの事件を内偵、多久島の逮捕状を請求、６日に全国指名手配する予定である。》

以上が記者会見で発表された内容である。『全貌』の著者、新田は、これが警察の発表に先立って農林省が自ら進んで発表したことは「異常だ、前代未聞だ、何か裏があるのではないか」と疑問を呈している。

翌日の６日の各新聞の朝刊は、どの新聞も五段抜き大見出しでこの事件を報道した。当日の午後、多久島は弁護士に付き添われて自首する。

その後、明らかになったことは、横領した金額の多さだ。当初は１２００万円と言われていたが、最終的には９０００万円を超え1億円に近いことがわかった。

昭和31年の1億円が現在ならどれぐらいの価値があるのかという質問に答えることは、実は意外に難しい。計算方法によってかなりの差が出てくるのだ。もっともポピュラーなのは消費者物価指数を比較する方法かもしれない。この手法によると、現在（令和2年）の消費者物価指数は１９５６（昭和31）年の約6倍なので、現在なら6億円ということになる。

『全貌』で新田は、多久島の「この時の俸給は六級四号本俸九千六百円である。彼のツマミ食いの総額に比べて一万分の一にすぎない」と書いている。

現在の高卒の国家公務員の初任給は約15万円であるので、一万倍とすると現在なら15億円ということになる。このように比較対象によってかなりの差があるが、私の実感では10億円ぐらいかと思う。

とにかく、多久島の横領した金額の多さは当時の人びとを驚かせた。どのようにしてそれほど多額の金額を横領したのか。その手口は『全貌』によれば次のようなものであった。

多久島は農業共済団体事務費交付金を茨城県へ二重に送金して、その水増し分を誤送金であったとして茨城県から吸い上げたのだ。

なぜ茨城県なのかは『全貌』には書かれていないが、この交付金は各県の農業共済組合連合会に送られるもので、連合会に直接送る方法と県庁経由の方法との二通りの方法があり、県によってまちまちであった。

『全貌』の著者・新田はこれを問題視している。新田によれば、１９５３（昭和28）年に農林省農業保険課はこのルートを一本化しようとしたが、全国共済協会が反対して実現しなかったということだ。

ルートが二通りあったので、多久島はここに目をつけて不正を働いたのだと新田は言う。しかし、二通りのルートがあることに目をつけて不正を試みたのではなく、偶然ではなかったかと私は推測している。

あくまでも私の推測であるが、多久島は交付金をうっかり茨城県庁と茨城県農業共済組合連合会とに二重に送金してしまったのではないか。それを是正する作業のなかで、着服することを思いついたのではないだろうか。

そして、茨城県農共連とのやりとりのなかで茨城県連に共犯者をつくっていったのではないだろうか。不正の舞台が茨城県になったのは単なる偶然ではなかったのだろうか。多久島は佐賀の出身で茨城に縁はない。

二通りのルートがあったことは、不正のきっかけであって、それよりももっと問題なのは農林省のチェック体制の甘さだろう。多久島は茨城により多くの交付金を送るために指令書を書きかえて、その他の県の交付金を少しずつ削っていたのだが、それが昭和29年度、30年度の2年に渡り発覚しなかったのはお粗末というしかない。

新田は、送金された交付金の総額さえ合っていれば内訳など確認せず役人は「めくら判」を押すのだと書いた。しかし、当時の農林省のシステムがどうであったか知らないが、送金に至る途中で財政課なり会計課が農業保険課の「原議」、つまり、多久島が書きかえたものではなく、最初の原案を確認するはずである。

にもかかわらず、二回も見過ごされたのは農林省にも共犯者がいたのかもしれない。多久島が逮捕されてすぐ、経理課でその交付金の送金を担当していた事務官が自殺している。原因はわかっていない。

いずれにしても、多額の公金を管理するシステムが厳格でなかったことは確かだ。

それから40年後に青森県住宅供給公社で14億円もの巨額横領事件が発生する。先に、私は多久島の横領した金額は現在価値にして10億円と推定したが、同じような巨額の横領事件が引き起こされる役所の管理システムの甘さには言葉を失ってしまう。

横領事件は必ず発覚する。横領が行われれば、帳簿上辻褄が合わなくなるし、何よりも現金が足りなくなるのだ。そのような状態が見過ごされるはずはないから、隠しとおすのは不可能なのだ。

ところが青森県の場合は、横領が始まってから8年後に国税局の税務調査で指摘されて発覚したのだから、お役所仕事もここに極まれり、といったところだ。

多久島事件の場合は、開始後ほどなく、多久島の挙動に不審をいだく者がいて内偵が進められていたらしく、青森県よりはましだといえるが、それでも管理システムの甘さは指摘されざるをえない。

農業補助金への注目

この事件は横領事件であって補助金そのものには直接関係はない。それにもかかわらず、多久島事件を取り上げたのは、田中が指摘するように、この事件が補助金の問題が社会的に注目されるきっかけになったからだ。

青森県住宅供給公社の横領事件は、そのほとんどをチリ人の妻、アニータ・アルバラードが消費してしまったことと、彼女の芸能人のような挙動（それはマスコミがあおったものでもあった）に注目が集まって、横領を容易にした青森県住宅供給公社の組織のガバナンス等の問題はかすんでしまったかの感があった。

そして、アニータがチリに建てた豪邸は、チリの法律では、結婚している間は夫の財産である、というような、横領事件とは直接関係のないことを知ることになった。

多久島事件についても、横領事件そのものよりも、横領されたもの、つまり農業補助金とそれが交付される仕組みのほうが注目されることになった。『全貌』においても、新田は、「農業保険のカラクリ」「補助金制度のヌケ穴」というセクションを設け、農業補助金の問題点や農業補助金の不正の事例を記述している。

ただし、新田の挙げた事例は行政監察白書から拾ったものであり、多久島事件以後に明らかになったものではないが、多久島事件を契機としてより多くの注目を集めることになったのは確かだ。

そして、農業補助金の問題を通じて、農業問題全般についての議論が深まっていった。新田は『全貌』の「補助金をアテにする農業」というセクションを次のように始めている。

《農林省は別名「補助金省」といわれるほど補助金の数は多い。行政監察白書でも述べているように、わが国の補助金種目の三分の一は農林省所管である。戦前は大地主があって、生産や技術の向上のためにある程度努力していたが、戦前の農地改革で大地主がなくなったために、農業発展のためには補助金に頼らなければならなくなり、結局、補助金をアテにするような悪習がついてしまった。極端にいえば、桑を植えるために補助金をもらい、その桑を切って田にするためにまた補助金、その田を桑畑に切替えるためにもさらに補助金をもらうという調子である。》

これが書かれたのは１９５６（昭和31）年である。しかし、農業問題の議論はいまでも盛んであるが、現在でもこのような状況は大きく変わっているわけではないのは、序章で山下の問いかけを紹介したとおりである。

新田は、さらに「補助金のなかでいちばん不正の行われやすいものは団体に対する奨励的な補助金で、これは政治と結びつきやすく、リベートや政治資金の取引ざたになる」と続けている。

新田は、補助金Aは不正が行われやすいといっているのだが、もちろん補助金Bにおいても不正は行われる。先に挙げたスーパーコンピューター補助金不正事件はその例であるが、最近では補助金Bについての不正のほうが多いのではないかと思う。

補助金Bの不正（らしきもの）

私が従事していたグループ補助金でも、残念なことではあるが不正は散見された。いや、この表現は正確ではないかもしれない、「不正らしきもの」といったほうがいいのかもしれない。

補助金をめぐる不正については「補助金適正化法」に違反したかどうかによるが、グループ補助金で「補助金適正化法」違反で告訴されたのは、私の知る限りでは1件だけである。

すでに新聞等で報道されているので、実名を挙げても問題ないのだが、石巻市の水産物加工会社S社としておく。S社はグループ補助金1億3000万円を不正に受給したとして201

3（平成25）年に宮城県から告訴された。

S社はある建設業者に工場の工事代金を銀行から送金したが、それは誤送金であったとし、建設業者から工事代金を戻してもらった。一方で県に対しては、工事代金の支払いは完了したと銀行送金の控えを提示し、補助金を請求し受領した。

途中経過は省略するが、その後県は告訴を取り下げ、S社は受領した補助金を分割払いで返却するということで和解が成立した。

したがって、S社は「補助金適正化法」違反による罰則は受けていない。最終的には「補助金適正化法」は適用されなかったのだから、「不正」ではないといえるかもしれない。

グループ補助金に限らず「補助金適正化法」違反が適用されるケースは多くないらしい。「不正」が少ないわけではないのに、なぜ適用されないのか。

県にいたころ、私はその理由を周囲の人に訊いてみたが明確な回答は得られなかった。

新田は『全貌』で、前年に制定された「補助金適正化法」について触れ、「この法律ができてから約半年になるが、まだこの法律違反で起訴されたものは一件もない。もっともこれを法文どおりに適用すると、ほとんどすべての関係者がひっかかるともいわれる」と書いている。

執筆時は「補助金適正化法」が制定されてからまもない時期であるので「一件もない」のは当然なのだが、いまだに少ない理由が「すべての関係者がひっかかる」からだということなら問題だろう。

「補助金適正化法」には、不正に補助金を受給した者への罰則規定があるが、この罰則規定は不正を知りながら支給した者にも適用される。

『全貌』で新田のいう「関係者」のなかには、補助金を出す国や県も含まれているはずだ。だから「補助金適正化法」違反の適用が少ないのではなくて、おそらくは、「不正」となる前に何らかの善後策が講じられているから適用にまで至らないのだと思われる。

そしてもう一つは、「不正」であることを立証することが困難である、ということもあるだろう。

例えばグループ補助金では、虚偽の申告を防ぐために従前の所有を確認できる証拠書類を提出することになっていることは先に述べた。また、経費の水増し等による過大請求を防ぐために、補助対象となる施設・設備の見積書を複数の業者からとり、そのうちの最も安価なものを選定することにしている。

支払に関する資料の確認についても、領収書か銀行からの送金の控えのいずれかを提示することで可としていたが、県の告訴第一号となったS社の件があって、銀行送金の控えと領収書の双方の提出が求められることになった。

このように、書類の確認はもとより、実地調査での現物の確認など、「不正」防止策はかなり厳しく講じられてはいるのだが、「不正」を完全に防止するのは難しい。

書類等を精査し何ら問題ないと判断され補助金が支出されたあとで、実は過大に支払っていたことが判明したということが、まったくないわけではない。

あるバス会社は、所有していたバス25台が津波で流出、破損したとして、補助金によりバス25台を購入した。ところが後で、そのうちの1台は津波の被害をうけておらず、老朽化のため廃車処分にしたものであったことが判明した。バス会社は被災したバスの台数を勘違いしていたとして、一台分の補助金を県に返却した。

このような場合に、「補助金適正化法」の第29条、偽りその他不正の手段により補助等の交付を受け、又は間接補助金等の交付若しくは融通を受けた者は、五年以下の懲役若しくは百万円以下の罰金に処し、又はこれを併科する、を適用することはできない。補助金は返還されているのだし、実際には意図的であったとしても、勘違いであったと言われれば偽りの申告であったと主張することは難しい。

先に挙げたS社の例もそうだ。告訴された当初は、S社の社長は不正を認めていた。ところが途中で、建設会社に誤送金だから金を返せと言ったのではなく、補助金をもらうための立替え資金を建設会社から借りたものであって、県をだます意図はなかった、と主張をかえた。

それで県が告訴を取り下げたのかどうかはわからない。いくつかの理由があったと思うが、当初は充分立件できると意気込んでいた警察から取り下げを勧められたという話もきいた。

疑わしきは却下せず

インターネットで、詐欺罪の立証は非常に難しいので森友学園事件は「補助金適正化法」違反で進められるのだ、と誰かが書いているのを読んだことがある。詐欺罪の立証は確かに難しい。だが、「補助金適正化法」違反でも立証するのはそう簡単ではない。

不正らしいのだが不正とは断定できないときはどうするかという問題もある。実際に議論が分かれた例を紹介したい。

仙台市の運送会社、Ｉ社としておこう。Ｉ社はすでにグループ補助金を受給していて復旧していたが、新分野での補助金申請があった。

グループ補助金の「新分野」については先に触れたが、もう一度説明しておこう。グループ補助金は東日本大震災前に所有していた施設・設備の復旧資金なので、震災前に所有していなかったものは対象にならない。

しかし、新たな施設・設備がないと復旧できないと判断された場合は、被災したものの復旧を断念し、それを復旧した場合に要するであろう費用の額を、震災前に所有していなかったものの取得にあてることができる、というものだ。

「新分野」というタイトルにはなっているが、必ずしも新しい分野に進出する必要はなく、ただ震災前よりも、例えば機械の台数を増やすという場合でも認められる。Ｉ社の場合も、被災した地下タンクの復旧を断念し、その分（再設置すれば1億円を要するという見積書が提出されていた）を車両の購入にあてるというものだった。

そこにある問題が生じた。震災前に地下タンクを所有していたということが通常の方法では確認できないのだ。

普通は、震災前の決算書類に会社の償却資産として計上されているはずである。減価償却が済んで帳簿から落ちている場合でも、固定資産台帳でいつ償却が完了したか調べることができる。

ところが、そのような記録は一切ないのだ。購入した記録も一切ない。理由は「別の会社からもらったものだから」ということであった。

私はＩ社の担当ではなかったし、自ら調査したわけではなかったが、耳に入ってくる話をきいてＩ社の補助金申請は却下すべきだと進言した。

しかし、私の進言は受け入れられずＩ社に対しては交付決定がなされた（私はＩ社の事業が完了する前に宮城県を退職しているので、Ｉ社が決定どおり補助金を受領したかどうかは知らない）。

なぜ交付決定されたかを述べる前に、私が却下すべきと判断した理由について説明したい。

第一に考えたことは、Ｉ社は地下タンクを所有していなかったのではないか、ということだ。復旧すれば1億円もかかるような設備が会社の資産として計上されていないということは、普通は考えられない。贈与であっても、金銭的価値があるのなら計上しなくてはならない。

また、別の会社からもらったのであれば、運送費用、設置費用がかかっているはずで、それを経理処理した事跡もない。ただし、実際には所有していたのだが、何か事情があって帳簿に記載していなかったのかもしれない。

だとすれば、次に考えたことは、その地下タンクは被災していなかったのではないかということだ。私は別の運送会社を担当していて、その会社が被災した設備のなかに「地下タンク」を記載していないことに気がついた。

Ｉ社のことがあったので、私はその会社の社長に地下タンクは被災しなかったのかと訊いた。社長が言うには、

「地下タンクの本体は地下に埋められているから何の影響もなかった。ただし、地上に出ている付属設備は津波で一部破損した。それはすぐ修復できたので補助対象の設備には入れなかった」

ということだった。

以上の二つの理由、①地下タンクを所有していたことが確認できない、②「所有していたとしても被災したとは考えにくい」、「被災したからではなく経年劣化のために処分したと考えられる」から補助対象にならないと判断したのだが、実はもう一つの理由、第三の理由があった。

それはまったくもって非論理的な話なのだが、こういうことだ。I社はすでに2回グループを組んで、2回補助金を受領していた。復旧はほとんど完了していたと思われる。ところが、新分野進出の補助金が新設されることを知って、これは使えると思ったのではないか。

つまり、経年劣化、たんなる老朽化による通常の車両の買替更新はグループ補助金の対象にはならない。しかし、「新分野」を使えばそれが可能になる。そう考えて「被災したものが実はもう一つありました」という申し出に至ったのではないか、私はそう考えた。というよりは〝邪推した〟というべきかもしれない。

県の上層部は私の意見を採用しなかった。第一の理由、「所有していなかったことを確認できない」では、却下の理由にならない、所有していなかったという証拠を県が明確に示さなければならないというのだ。

「挙証責任」はI社ではなく県にあるらしかった。「所有していた」ことを示すのは容易だが、「所有していなかった」ことを示すのは難しい。

第二の理由、「被災したとは考えにくい」も理由にはならない。別の場所の地下タンクが被害を受けなかったから、すべての地下タンクは被害を受けないとは断定できない。

第三の理由は問題外である。役人たる者がそんなことを言ってはいけない。

もちろん、私にもそれぐらいはわかるし、それを表だって言うつもりはない。しかし、私のなかでは、口に出して言えない第三の理由が最も大きかったのだ。

こんなことを考えるのは役人として失格なのだが、とにかくI社は交付決定を受けた。申告が虚偽であると断定できなければ却下はできない。いろいろ難癖をつければ、それは「被災者に寄り添っていない」と非難されるのだ。

私は県で仕事をするようになってから、周囲の人たちが、これは補助対象にならないなどとやっきになって補助金を減額しようとしていることに気がついた。それで私はおりに触れて「私たちの仕事は補助金をいかに削るかではなくて、どうすれば補助金を出せるかを考えることだ」と言っていた。

あとでわかったのだが、私の言ったことはかなり問題があるようだった。私のようにただひたすら「顧客志向」を唱えていたような人間にはなかなか理解しがたいのだが、役所では「こうすればもっと補助金がもらえますよ」と事業者に言ってはいけないらしいのだ。実際、他の県で、そのようなアドバイスをして処分された人がいると聞いた。

それはともかく、このI社の件については、ふだん私が言っていることと逆のことを言った

ものだから、
「あれ、庄司さんらしくない発言ですね」
とひやかされ、私は撤退せざるをえなかった。I社の件については、私は自分の担当ではなかったし、これ以上口を挟むのは断念した。

支給者のモラルハザード

このI社の事例について、釈然としないものはあったが、その補助金によってI社の経営がうまくいき、多額の利益を出して税金という形で返してもらえれば、その補助金はいきたことになるのだから、そう思うことにした。

ただし、地下タンクの所有と被災した事実を徹底的に調べたのだろうかという疑問は残っている。

この件に限らず、補助金の受給資格や補助金の対象としての妥当性に疑義が生じた場合に、「被災者に寄り添う」という錦の御旗のような文句が言い訳に使われ、徹底的な調査がおろそかになることを私は恐れる。

「徹底した調査」などというのは民間人の発想なのかもしれない。私は長いこと融資の仕事に携わっていたが、融資したものが回収不可能になれば、回収可能性についての調査、金融機関では「審査」という、が充分行われたのかということが必ず問題にされる。

もちろん、融資と補助金はまったく別のものだ。金融機関にとって融資がこげついたら利益減少の要因になるので問題だが、補助金は出してしまえばそれで終わりだから後のことは気にかける必要はない。

形式要件さえ整っていれば、そこに見落としがなければ、あとはどうなろうと責任を問われることはない。そして、補助金交付事務だけでなく、すべての仕事についてそうなのだが、役人は法令に定められていないことはやってはいけない。

「しなくていい」のではない、定められていないことをやったら罰せられるのだ。そのことを役人は知っているから、余計なことはしないという習性が身についている。そして、県民に、あるいは国民に、「寄り添っていない」という批判をおそれるから、グループ補助金の場合なら受給者が不利になる帰結をもたらすような調査を徹底的に行うことはしないのだろう。

しかし、本当に補助金受給の資格要件等に疑義があるのなら、徹底した調査は必要なのではないだろうか。もし、いま述べたような理由で調査がおろそかにされ、補助金が支出されてしまったとしたら、それも受給者の不正と同列のモラルハザードといえるのではないだろうか。

私は、Ｉ社への交付決定を県のモラルハザードだと断定しているのではない。その可能性がある事例として挙げただけだ。

補助金については受給者のモラルハザードがよく問題にされるが、実は支給者のモラルハザードが発生する可能性もある、というよりは、常にその危険性があるといったほうがいいのかもしれない。

2　政治と補助金

口利き

I社の件で多くの紙幅を費やしたが、なぜ私が「第三の理由」という邪推に至ったかを少し説明しておきたい。それは、この件について某県議の圧力、というのが適当でないとすれば、強力な推薦があったからだ。いわゆる「口利き」だ。

私が当時の国民金融公庫に勤務していたころ、融資について県議が口利きをしてくることはなかったが、国会議員の口利きは少なからずあった。

議員の紹介口については是是非非でのぞむというのが公庫の方針であったので、私は問題があると判断したら忖度することなく否決し、紹介した議員からは「お前はおれの顔をつぶした」と怒鳴りつけられたこともあった。

しかし、なかには、特に財務省ルートで口利きが来ると、どうしても融資せざるをえないこともある。その結果は、ほとんどが不良債権になってしまうのだった。

もちろん、議員の紹介口がすべて不良債権になるわけではなく、無事支払を続け完済にいたることもあるのだが、長年の経験で私のなかでは「議員の紹介イコール何かある」という図式ができあがってしまっているのだ。

普通の手続きでは融資を受けられないと思っているから議員を使うに違いないと私は思い込んでいるので、議員の紹介口には身構えてしまう癖がついているのだ。

そういう思い込みがあって、私はＩ社の申請は何かあるのではと疑ったのだ。ところが、県の職員はそうは考えていないことに気がついた。補助金の交付に限らず、県の仕事に対して県議が「口利き」をしてくるのは日常茶飯事なのだ。私のように「口利き」だから何かあるのではといちいち疑っていたら仕事が進まない、らしいのだ。

国語辞典で「口利き」を調べると「中に立ってとりなすこと（人）。仲介すること（人）」とある。これだけ見れば悪い意味はない。しかし、私たちが「議員の口利きがあった」というとき、それは悪い意味で用いていると思われるし、私自身も悪い意味で用いている。

ところが県にあっては、どうも悪い意味はなさそうだ。仮にあったとしても、県と県議の間では「口利き」という概念は存在しないかのように見える。私には県議の不当な圧力だとしか思えないようなことでも、県の職員は「不当」とは思っていないようだ。

役所において議員対応は本来の仕事であるから、補助金の交付申請にあたって議員が仲介してきても、特にそのことを問題視することはないようだ。

しかし、私には問題があるように思われる。というのは、グループ補助金の申請にあたって議員がまったく関係していないグループもあるからだ。むしろ、議員が出てこないグループのほうが多い。

そして、すべてのグループが採択されるとは限らない。先に述べたように審査があるのだ。その際に、議員の紹介のグループについての審査が甘くならない、すべて公平に扱われるという保障はあるのだろうか。

私はないと思う、ないと思うが、I社への補助金の件が県議の圧力によって認められたわけではないと私は信じたい。

ところで、政治資金規正法第22条3は、補助金の交付決定を受けた企業は、その後1年間、政治団体等に政治活動に関する寄付をしてはならない、と定めている。

この条文の趣旨は、「補助金を他の目的に使用してはいけない」ということと「政治献金できるぐらいの資金があるなら補助金など申請するな」ということだと思われるが、一方で、補助金交付にあたっての政治家の口利きを制限しているとも考えられる。

ただし、この条文が実際にはどの程度の効果があるのかはわからない。ある程度の規模の企業であればこの条文を知っているだろうが、補助金をもらう企業は小規模企業が多いので、補助金をもらっている企業の大半はこの条文の存在を知らないかもしれない。

あるいは、知っていたとしても抵触しない方法を取ることは十分ありえる。例えば、寄付ではなく政治資金パーティ券を購入するという方法もある。パーティ券の購入が寄付に該当するのかどうか私は知らないが、仮に該当するにしても、直接購入ではなくあっせん者を通じて購入したことにすれば購入者の名前は出てこない。

ほかに、金の動きがまったく表には表れない方法もある。ある会社経営者から聞いた話を紹介しよう。

ある国会議員が、「近くまできたので、ちょっと寄ってみた」とその会社の事務所にやってくる。応接室で社長と議員は最近の景気などについて話をする。話が終わって議員は応接室を出るのだが、議員が座っていた場所には、財布にしては大きいがバッグにしては小型のものが置いてある。このとき、

「先生、バッグを忘れてますよ」

と声をかけてはいけない。気づかないふりをして別れのあいさつをする。議員が会社を離れてから、「先生、バッグをお忘れでした」と電話するのだ。すると議員は、

「おお、そうだ。いまから秘書に取りに行かせる」

だと言う。あとで秘書が、その財布にしては大きいバッグにしては小さいものを取り来るのだが、それに1万円札を数十枚入れて渡すのだ。１００万円でも入るのだが。

そのあとで議員が「君ねえ、お札が増えていたよ」と言ってくることは絶対にない。なにしろ国会議員なので天下国家のことで頭がいっぱいで、自分の財布にお金がいくら入っていたかなどには関心がないのだから。

この話も政治資金パーティ券の話もそうだが、私は議員諸氏を糾弾しようとしているわけではない。私の言いたいことは、補助金、特に補助金Bについては、必ず口利きに類する問題が発生するものであり、それを防ぐのは非常に難しいということだ。

先に挙げた政治資金規正法22条の4には、3年連続して欠損を出している企業は、その欠損がカバーできるまで政治活動に関する寄付をしてはならないという規定がある。

政治家にしてみれば、献金しようとしている企業が補助金をもらっているのか欠損を出しているのか調べるのは大変だと思うが、この条文の趣旨は、「赤字なのに政治献金する必要がありますか、そんな金があるのなら赤字補てんに回しなさい」ということだと思う。まったくもって当たり前のことだ。

にもかかわらず、わざわざ明記せざるをえなかったのは、赤字でも政治献金しようとする企業があるからだ。企業にしてみれば、赤字だからこそ、例えば補助金を引き出すために先生方に口利きをお願いする、そのための政治献金ということになるのだろう。

難しい問題だ。補助金をまったくなくしてしまえば口利きもなくなるのだが、再三述べているように、補助金がなくなることはない。

では、不正も口利きもどうやっても防げないのだからとあきらめるしかないのか、というとそうでもない。完全に防ぐことはできないが、少なくする方法はあるのではないかと私は考えている。それについては次章で触れる。

補助金による集票

ところで、補助金Ａについては「口利き」は存在しないかのように見える。しかし、変な言い方であるが「逆方向の口利き」は存在する。

政治家はなぜ「口利き」をするか。それは見返りがあるからだ。多額の政治献金やパーティ券の購入がすぐには期待できなくても、依頼されれば断りきれず「口利き」をすることも、もちろんあるだろう。

そのような場合でも、つまり、すぐに目に見えるリターンがなくても長期的に見れば何らかの見返りは期待されているはずだ。そのうちの一つは選挙であることはまちがいない。

補助金Ａの受給者である地方公共団体は、その選挙の際に補助金という「見返り」を期待して、政治家のために動くことがある。それは「逆方向の口利き」といえないこともない。前掲『補助金の政治経済学』の「2章　補助金と政治・行政」には次のような記述がある。

《たとえば一九八九年の参議院選挙の際に起こった和歌山県中津村の村議会ぐるみ選挙違反事件は、農村むけ、土木・農林補助金などの政治性の意味をよく示している。この選挙で同村の村議会議長は、他の議員および村の有力者たちに現金を渡して自民党候補への票のとりまとめを依頼し、計六人の議員が買収・被買収容疑で起訴された。自主財源が一般会計収入の一割にも満たぬ過疎の同村には新過疎法による過疎債や補助金の継続がどうしても必要であり、それには自民党に頼るほかないので、郡内の他町村に負けない投票率・自民党投票率を示しておきたいというのが、その動機であったという。》

私のような年配の人間はこのような話にはまったく驚かない。よくある話であったと思う。法令違反の事象をごく普通のことと思うのは問題があるのだが、私が若いころはこのような話はごくありふれたものだったのだ。

こういった話をよりわかりやすく説明した最初の本は、広瀬道貞の『補助金と政権党』（朝日新聞社　1981年）ではないかと思う。

朝日新聞社の政治記者であった広瀬は、自民党はなぜ選挙に強いのか、なぜ長期政権を維持できるのかという疑問をもち、綿密な取材を重ね、「自民党の強さは、公の補助金を党勢の拡張に結びつけていく手段の巧みさにあるといっていい」という結論を出した。

広瀬は、土地改良事業費等の農業補助金が国から都道府県に、都道府県から市町村に分配されるが、票もまた補助金と同様に、国から県、県から市町村へと割り当てられることを明らかにしている。

自民党は農村部を基盤にしているから農業補助金を活用できた、あるいは、農業補助金によって農村部を確固たる基盤にできたともいえるが、とにかく序章でも触れたように、自民党が農業補助金によって党勢を拡大していったのは疑いがない。

都市部では農業補助金は使えないから、自民党は都市部では弱かったのだといえるかもしれない。しかし、自民党は都市部での集票をあきらめていたわけではない。広瀬によれば、１９７２（昭和47）年の総選挙での共産党の躍進に危機感をもった自民党は、翌１９７３（昭和48）年に「マル経」と呼ばれる小企業向けの無担保無保証の融資制度をつくった。

「マル経」は正式名称を「小企業経営改善貸付」という。無担保無保証ではあるが利息もある「融資」であり、当然利息をつけて返済しなければならないので補助金とは言い難い。

融資と補助金はまったく別物である。しかし、広瀬は『補助金と政権党』でこう書いている。

《政権党は、党勢の拡張につながるように補助金を配分したいと考える。しかし、もともと存在しない補助金を配分することはできない。「なければ、つくれ」だ。選挙結果への反省や次の選挙に対する配慮から、補助金が新設されることは珍しくない。「マル経」と呼ばれる小企業経営改善資金融資制度もそのひとつだ。》

広瀬が「マル経」融資制度を補助金の新設だとした理由は特に説明されてはいない。私は以前、国民金融公庫で「マル経」融資に長い間携わってきたので、この制度についてのある程度の知識はある。そこで、広瀬の論述を補足するかたちで、「マル経」が補助金の一つであることを説明したい。

１９７２（昭和47）年、総選挙で自民党は都市部で敗北を喫した。都市部での自民党離れを食い止めるための方策として、自民党商工部会が着目したのが、日本商工会議所から政府、自民党に要望が出ていた小規模企業向けの「一兆円経営改善基金」であった、と広瀬は言う。この基金はお蔵入りとなっていたのだが、選挙の敗北でこれを見直してみようということになったらしい。

この基金のユニークなところは二点ある。一つは、担保なし、保証人なしであるということ。

もう一つは、全国の商工会議所が融資の推薦をする、というものであった。これは日本商工会議所のアイデアであったが、その背景には、東京、大阪、京都などでの共産党系の民主商工会（以下「民商」と略す）の伸長があった。

広瀬によれば、民商の会員は１９６５（昭和40）年には6万２０００人であったが、１９７１（昭和46）年には17万５０００人になっていたという。

民商が組織率を伸ばすことは、商工会議所の組織率が低下し影響力が落ちることだ。商工会議所もまた、自民党と同様に共産党、民商の伸長には頭を痛めていたのだ。広瀬は、当時東京商工会議所の副会頭であった五島昇の談話を紹介している。

《民商だけどね、これに入っているグループでも、共産主義的なイデオロギーから入っているのはごくわずかで、現実の利益、たとえば税金が安くなれば――という期待なんかで入っているのが多いと思うんだよ。その人たちは利益のあるほうに転ぶんで、もしわれわれがやっている無担保無保証の金が出るとなれば、民商を出てくると思うんですよ。》

日本商工会議所の民商対策は、自民党の共産党対策と一致した。総選挙敗北後すぐに昭和48年度予算で無担保無保証の小企業経営改善資金融資制度が発足したのだ。

広瀬は「大蔵省は無担保無保証について、『金融の常識をはずれている。どこが責任をもつのか』と難色を示したが、自民党は『リスクはある。だが、それぐらい民商対策の費用と考えれば安いもの』とさほど問題にしなかった」と書いている。

「マル経」は商工会議所、商工会が推薦するが、最終的な融資の可否の判断は融資実施機関である国民金融公庫（現・日本政策金融公庫）が行う。私は１９７７（昭和52）年に国民金融公庫に入ったのだが、当時先輩たちは「マル経は金融ではない」と言っていたのを記憶している。

現在では無担保無保証は珍しくなく、むしろ保証人をとらない融資が主流になっている。しかし、当時は無担保無保証というのは画期的であったのだが、金融機関にしてみれば画期的というよりは「無謀」であると思われたのだ。

大蔵省が「金融の常識をはずれている」と難色を示したのも当時にあっては当然であった。その大蔵省を自民党が押しきったのだが、その経緯については、広瀬の『補助金と政権党』には詳しくは書かれていない。

当時モフ担（大蔵省との折衝にあたる担当職員）であった先輩から聞いた話では、通産大臣であった中曽根康弘が大蔵省を説得したらしい。当時の大蔵大臣は愛知揆一であったが、直前の総選挙で彼の選挙区である宮城一区で共産党の庄司幸助が議席を獲得したことは衝撃であったに違いない。愛知も中曽根の提案を受けいれざるをえなかったのだと私は推測している。

ところで、マル経の目玉は無担保無保証であったが、金利も国民金融公庫の一般貸付の金利より低かった。その差額については、公庫は中小企業庁から補給金をもらっていたのである。

これは補助金にほかならない。つまり、間接的にではあるが、国がマル経利用者に利子補給をしていたことになる。これが、広瀬がマル経は一つの補助金だ、とした理由だ。もう一つは、マル経が商工会、商工会議所（以下「商工会等」と略す）の推薦を必要とするということだ。

商工会等は審査会を開催して協議し、国民金融公庫に推薦書を出すのだが、審査会にかけられる前に商工会等の経営指導員が巡回指導という形で会員企業を訪問し企業の調査を行う。

この巡回指導はマル経推薦のために特別に行われるものではなく、ふだんからの商工会等のメインの仕事の一つだ。これには経営改善普及事業費という名目で国から補助金が出ている。

そのほかにも、商工会等にはさまざまな名目で国や県から補助金が出ている。商工会等の運営は会員からの会費収入だけでは成り立たない。東京商工会議所や大阪商工会議所のように、多くの会員を有している大会議所では運営費に占める補助金の割合はそう多くはないだろうが、地方の小さな商工会等では補助金のウエイトは大きく、補助金がなければやっていけないのだ。

つまり、商工会等の事業そのものが補助事業といってもいいのだから、やはりマル経は補助金の一つといって差し支えない。

ところで、マル経は補助金事業だといってしまうと、補助金につきものの不正が多かったのない。

ではないか、あるいは運営がいいかげんになされていたのではないかと思う人がいるかもしれ

しかし、実際には不正の類はほとんどなかった。まったくなかったわけではなく、経営指導員が企業の損益状況を偽装して融資を引き出したというようなことはあったが、マスコミに取り上げられるような大きな「事件」はなかった。

運営についても、国民金融公庫の内規で年二回「マル経協議会」を開催することが定められていて、各地の公庫の支店と各地の商工会等の経営指導員がその協議会で、「どうしたら事故率を低くできるか」など、マル経の円滑な推進のために真剣な議論をしていたのだ。

マル経においては、補助金につきもののさまざまな問題がほとんど発生しなかったのだが、それは金融機関が介在したからだと私は考えている。その意義については次章で触れることにして、次にマル経の「集票効果」について考えてみたい。

「『商工会議所を都市の農協に見立てたらいい』というのが協議の際の誰の発言であったかは、はっきりしない。しかし、ひな型を農協に求めるという発想が出て、話は急速に進んだ」と広瀬は書いている。

つまり、マル経は農業補助金の都市版なのだ。農業補助金は自民党の集票には実績があったが、この「都市補助金」はどれぐらいの効果があったのだろうか。

マル経は商工会等の推薦を必要とするが、商工会等の会員であることは融資要件になってはいない。したがって、商工会等の会員になっていなくてもマル経融資を受けることは可能なのだが、実際は非会員が経営指導をうけることはほとんど不可能で、マル経は会員のための制度であるといっていい。

制度が発足してから、マル経融資を受けるためにどれくらいの企業が民商から商工会等に入ってきたか、私はデータを持ち合わせてはいないが、マル経によって商工会等の会員がある程度増えたことはまちがいがない。

私は本店からの指示で、マル経の推薦が多かった商工会等に、マル経の推進に協力してくれたという趣旨の感謝状を持っていったことがある。そのときに、ある商工会の事務局長から、

「国金さんがマル経を熱心にやってくれたおかげで会員が増えたのだから、感謝状は本当はこっちで出すべきなんですけどね」

と言われたことがある。それは、まあ、リップサービスであったろうが、マル経が会員数の増加に一定の貢献をしたことは確かなようだ。

ただし、すべての商工会等がマル経の推進に熱心だったわけではない。ある県のある商工会議所のマル経推薦はいつも1年に1件だけであった。ゼロだと日本商工会議所から叱られるから、やむをえず1件だけ推薦していたというのだ。

その商工会議所の専務理事と事務局長は、地元の地銀の出身であった。その商工会議所の経営指導員がマル経協議会で小さくなっていたことを思い出す。

当時の地銀や信金と政府系金融機関の関係はここで書くまでもないだろう。マル経の発足にあたって大蔵省は難色を示したというが、それには民間金融機関の監督官庁としての配慮もあったかもしれない。もっとも、マル経に限らず、政府系の金融機関の存在そのものが民間金融機関にとっては民業圧迫であったのだけれども。

補助金による共産党対策は、一部の民間金融機関には迷惑な話であったのだが、商工会等にとっては、もちろんいいことであった。これをきっかけとして、商工会等の国庫補助職員（経営指導員、経営指導補助員、記帳職員等）は増加し、補助金も人員も増え、民商に対抗できる組織強化が実現したのである。そして、共産党も勢力を伸ばすことができなくなってしまったのは周知のとおりである。

しかし、共産党の退潮は、自民党の補助金による共産党対策が功を奏したというよりは、小選挙区導入の結果であると思われる。私は、中選挙区制のほうがより民意が反映できると考えているが、ここではその問題については触れず、広瀬の『補助金と政権党』に戻ろう。

広瀬は「あとがき」にこう書いている。

《補助金が特定の政権を支えるために使われるようだと、民主政治は空回りを始める。地方公共団体はその財源を中央の補助金に頼っており、早くから地方自治の空洞化がいわれていた。補助金の弊害は大きいのだが、世間の関心が、これまで高かったとはいえない。その一部の責任は野党にもあるのではあるまいか。国政調査権を行使してでも、補助金のメカニズムを明らかにすべきだった。国会の審議を通じてその弊害を国民に示すべきだった。そうすれば、補助金をここまで肥大化することを妨げることができたかもしれない。》

広瀬の言う「特定の政権」は、自民党を指していると思われる。では、社会党だったら問題ないのか。おそらくそうではないだろう。自民党だろうが社会党だろうが、補助金を自分の党の組織強化に利用するのはけしからん、というのが広瀬の主張であろう。

しかし、補助金は政党を選ばない。補助金は、特に補助金Aは行政的なもので、行政と一体不可分である。

前掲『補助金の政治経済学』で2章「補助金と政治・行政―都道府県関係者へのアンケート調査から」の執筆者加茂利男は、都道府県の幹部への補助金に関するアンケート結果を紹介して「むすび―補助金政治・補助金行政の将来」をこう始めている。

《日本の補助金制度もすでに転換期に入っているが、他方府県関係者のアンケート結果が示しているように、現行の補助金制度の根本的改革をもとめる機運が自治体関係者のなかで大きく高まっているとはいえない。むしろ一九七〇年代にみられた自治体関係者の補助金改革論は後退し、手慣れた補助金システムのなかでの行政に安住する雰囲気が強まっている気配もある。》

加茂の言う「行政に安住する」主体がなんであるかははっきりしないのだが、補助金のシステムが行政のなかにしっかりと組み込まれている、ということなのだと私は解釈する。だとすれば、そこには党利党略によっては大きく変容されえない部分がある。あるいはどの政党が政権を担当しても大差がない部分があるのではないか。

広瀬は、野党が補助金のメカニズムを明らかにして、その弊害を国民に示せば補助金が肥大化するのを防げたかもしれないと書いたが、果たしてそうだろうか。野党が政権党になったとしたら補助金は大きく変化するとは思われない。

先に挙げた無担保無保証が売りのマル経のモデルとなったのは、広瀬も書いているとおり、蜷川虎三知事の京都府の小口融資制度である。

マル経は政党を選ばないのだ。共産党が政権をとっても、たぶん補助金が大きく減少することはないだろうし、むしろさらに増えるかもしれない。

「大きな政府」が長期政権を可能にする

広瀬が「自民党が補助金を党の拡張に巧みに利用した」といったのは、もちろんまちがってはいない。しかし、そのことに加え、政治が補助金を利用できる社会経済システムができあがっていたことに着目すべきであろう。

選挙の際に、「現職の強み」という言葉がよく使われる。この場合、「現職」は必ずしも自民党を意味しない。政治家を利用してやろうという目論見の有権者にとっては、自分に利益をもたらしてくれるのであればどの政党でもよいのだ。

グループ補助金や高度化スキームに議員が介在してくることは先に述べたが、あるとき、グループ補助金と高度化スキームの申込申請にあたって複数の議員が入ってきたので驚いたことがあった。複数であったことに驚いたのではない、一名は自民党の議員でもう一名は共産党の議員であったことに驚いたのだ。

しかし、驚いたのは私だけのようで、周りの県の職員に訊いてみたら、グループ補助金以外でも「珍しいケースではあるが、まったくないわけではない」ということであった。つまり、「口利き」は「現職」でありさえすれば政党は問われないのだ。

広瀬は自民党の戦術の巧みさ、悪くいえば狡猾さを強調しすぎているように思われる。自民党はなぜ長期に渡って政権を維持することができたのかという問題提起に対して、それは補助金をうまく利用したからだと広瀬は答えているのだが一方で、その戦術というか技術を自民党は「25年の政権経験から学んだ」とも書いている。

意地の悪い見方かもしれないが、これでは「長い間政権にいたから長い間政権を維持できた」と言っているようにも取れる。

政権党が補助金をどのように利用したかを広く知らしめた広瀬の功績にケチをつけるつもりはない。ただ、政権党が補助金を利用することが可能であった日本の社会システムを論じていないことを私は残念に思う。

アメリカにおいては民主党と共和党が、イギリスにおいては保守党と労働党が、ほぼ交互に政権を担当している。これは両国とも明確に「小さな政府」を志向しており、補助金の占めるウエイトは日本に比べ少ないからだと私は考えている。

つまり、伝統的に英米国民は政府に大きな期待はしていない。「現職」を通じて政府から恩恵を被ろうという意識は希薄なのだ。だから、おそらく英米には「現職の強み」はないと思う。

日本は英米と比較すれば「大きい政府」であり、政府は国民にさまざまな恩恵を与えることができるし、国民もまた政府からの恩恵を期待しているのだ。「小さな政府」の国家では頻繁に政権交代があるが、「大きな政府」では政権は長期化する傾向がある。これが広瀬の著書を読んでみて私が考えたことだ。

広瀬の『補助金と政権党』が発行されてから40年近くが経過し、補助金は、特に広瀬が問題とした農業補助金は、大きく変容した。しかし、広瀬が危惧した「補助金の肥大化」には歯止めはかかっていないといっていい。見直しや整理はなされたとしても新たな補助金がつくられるし、「補助金」という名称がなくても実質は恩恵をちらつかせた補助金である制度も多い。

例えば、１９８８（昭和63）年から１９８９（平成元）年にかけての「ふるさと創生事業」では、各自治体に1億円が支給された。１９９９（平成11）年には「地域振興券」が各家庭に配られた。

ばらまきに近いようなものであっても、補助金が増えることは実は悪い事でもないという見方もできる。例えば、太平洋戦争当時、すべての財源は軍事費にあてられ補助金どころではなかった。補助金が増えるということは平和な時代だともいえる。しかしだからといって、補助金が単に党利党略のためにだけ使われることがあっていいはずがない。それは税金なのだから。

広瀬が提示した補助金と政治の関係の問題は、何十年経過しても、やはり考え続けていかなければならない問題なのだ。補助金がしっかりと行政に組み込まれている日本のシステムが大きく変わらない限りは、それは永遠の課題であり続ける。

３　まとめ

○補助金をめぐる不正はすでに18世紀の英国で発生している。
○日本では、戦後、特に農業補助金に関する不正が注目されるようになった。
○補助金についての不正防止のため「補助金適正化法」が制定されているが、この法律が適用される例は多くはない。
○補助金についてのモラルハザードは支給する側にも発生する可能性がある。
○補助金をめぐっては、「口利き」など、ゆがめられた政治的利用が見られる。
○政権党は補助金を党勢拡大に利用してきた。
○「大きな政府」であることによって長期政権が可能になっている。

第4章　提言

前章では補助金をめぐる諸問題に触れたが、この章ではそれらの問題に対する対応策について考えてみたい。

1　白書、データ集の作成と補助金の評価

補助金白書の作成の提唱

補助金の整理統合という問題について考えてみよう。

この問題は昔から取り上げられていて、整理統合の必要性について表だって異議を唱える人はいないのだが、整理統合が着実に進捗しているとはいえない。

その理由についてはこれまで述べてきたつもりであるが、さらに付け加えるならば、補助金の全体像を把握することが難しいということもあると思う。

前章で、私が宮城県の企業復興支援室に勤務していたとき、企業から「何か補助金はないか」と尋ねられて返答に困ったことを書いた。私が担当していたのはグループ補助金だけで、それ以外の補助金についてはまったく知らないのだ。

にわか役人の私だけでなく、企業復興支援室のベテランでも、グループ補助金以外の補助金は県の各部の各課でそれぞれ扱っているので、詳細はおろか、どういう補助金があるかもわ

かってはいない。

これは県だけではなく、国においても同様だろう。各省庁の各課がそれぞれ補助金を所管しているのだから、補助金全部を把握している人はたぶんいない。

私に補助金について尋ねてきた企業は、宮城県に補助金担当の部署があるに違いないと思っていたのだろうが、ないと知ったときには落胆しただろう。私もまた、本書の「はじめに」で補助金一般について取り上げた文献が少ないと不満めいたことを書いたとおり、やはり落胆したのだ。

補助金は、特に補助金Ｂは個別的なものであるから、補助金を支給する側が実務上は他の補助金について知らなくても何ら支障はないし、知る必要もない、ということかもしれない。

しかし、例えばある補助金を整理しようとするときに、これはどうしても必要だから残すという結論になったとする。ところが、実は他の部局で同様の代替性のある補助金があった、ということも充分考えられることだ。

整理だけでなく、ほかの問題を議論検討するときには、補助金の全体像を知ることがどうしても必要になる。しかし、補助金はいわゆる「縦割り行政」の最たるものであるから、各省庁が隠ぺいしているわけではないのだが、補助金の全体像を知ることは困難なのだ。

補助金全体を把握するために、私は「補助金白書」、あるいは「補助金・助成金白書」の作成を提案したい。

もっとも知られている〝白書〟は経済白書であろう。正式名称は「年次経済報告」であり、１９４７（昭和22）年から作成されているのだが、１９５６（昭和31）年の経済白書の「もはや戦後ではない」というフレーズは流行語にもなり、白書が脚光を浴びることになった。

それをきっかけとして、その後、国民生活白書、エネルギー白書などいくつもの白書が作成されてきたのだが、もちろん「補助金白書」というものは作成されていない。それは当然である。正式名称が年次報告となっているとおり、白書は政府の施策についての現状と結果を報告するものであるからだ。

補助金はある政策を実現するための手段であって、補助金を出すことが政治の目的ではない（はずだ）。目指すゴールにたどりついたのかどうかを知ることが重要なのであって、そのための手段を知ることはその次の話なのだ。

そしておそらく、補助金については各省庁の各白書のなかで言及されているのだろう。

しかし、補助金の問題を議論するためには全体像を知る必要があり、各省庁の所管している補助金すべてについて、ひとまとめにした資料を作成すべきではないだろうか。それによって、情報開示請求をしなければ各省庁の倉庫で安眠していたかもしれない各種の補助金、助成金の姿を白日の下に見ることができる。

通常、白書には統計、図表等のデータ集は含まれていない。しかし、補助金の問題を議論するときには、その額、推移など数量を把握することが欠かせない。

補助金のデータで特に重要と私が考えているものは、ある補助金が当初の予算額に対してどれぐらい支出されたか、余ったのか足りなかったかを示すデータである。これを仮に「利用率」と呼ぶこととして、この「利用率」など補助金の評価に役立つものを収録したデータ集が求められる。

このようなデータ集と統合し、数値の説明、評価に重点を置いた白書の作成が望まれるのだが、完全な縦割り行政の日本では各省庁を横断する白書の作成は難しいかもしれない。

その場合は官庁でなくてもいい、民間のシンクタンクでも、ＮＰＯ法人でもいい。誰か「補助金白書」を作成してくれないだろうか。

補助金の評価

データ集のほかに「補助金白書」に盛り込まれるべきものは、個別の補助金の評価である。

これまで繰り返し述べてきたように、補助金は出してしまったらそれでおしまいなのだが、補助金に限らず公共部門の仕事はインプットに重点が置かれ、アウトプットはさほど重要視されない傾向がある。

しかし、特に補助金の場合は、それでいいのだろうかという疑問は残る。グループ補助金について言えば、この財源は言うまでもなく税金である。2013（平成25）年から復興特別税が徴収されているが、この措置は2037（令和19）年まで続くことになっている。

法人に限らず、個人もこの特別税を支払っている。サラリーマンは源泉徴収されているのでわかりにくいが、基準所得税額の2・1％が徴収されている。国税庁のホームページによれば、平均所得税額は68万円ということだ。

これに復興特別所得税が含まれているのかどうかはわからないが、仮に含まれていないとして計算すれば、復興特別所得税の一人あたりの年平均徴収額は1万4280円になる。

もちろん、このすべてがグループ補助金の財源になっているわけではないが、特別徴収された税金を投入した補助金が「効果があったかどうか知りませんよ」というわけにはいかないだろう。

グループ補助金は現在も続いているので、効果測定がなされていないと言うのはまだ早いが、一般の補助金については効果測定はなされていない。

補助金をめぐる問題、特に整理統合を議論するのであれば、支出された補助金がどのような効果があったのかという評価が必要なことは言うまでもない。私は「効果測定」という言葉を使ったが、「測定」するためには数値で表現されることが必要だ。ところが、補助金に限らず役所の仕事の成果を数値で判断するのは難しい。

企業活動の成果は、決算書を見れば利益の増減で容易に判断できる。県など地方公共団体も、企業会計の損益決算書にあたる「行政コスト計算書」を作成しているが、利益を出すことが目的ではないから通常の行政サービスの実施にどれぐらいのコストがかかっているかを示すものであって、利益を計算しているわけではない。

企業活動において最も重要な「費用対効果」という概念は公共部門には存在しない。したがって、費用は計算するが「効果」は計算されることはない。

つまり、「役所の仕事の成果を数値で判断するのは難しい」と書いたが、そもそも役所には成果を数字で表すという習慣がないのだ。

それは「成果」について考慮することがないからなのだが、さらにさかのぼれば、「行政サービスは営利目的ではない」という錦の御旗的なフレーズに行きつくかもしれない。しかし、これは成果・効果と利益を区別していない議論だ。

成果、あるいは効果と利益は別物である。利益を出すことが目的ではないから成果・効果を考慮する必要はないとはいえないだろう。特に補助金についてはそうだ。

補助金の「バラマキ」ということがよく言われる。もし、最初から効果がまったく期待されていないなら「バラマキ」という言葉は使われないはずだ。成果や効果が期待されているのに、成果や効果がないと思われているから「バラマキ」という言葉が使われるのだ。

ある補助金が「バラマキ」ではないというのであれば、その補助金の成果あるいは効果を示さなければならない。そしてそれは、特に補助金Ｂについては、数値によって示されなければならないと私は考えている。

もちろん、簡単なことではない。補助金の効果を数字で示すことが困難である具体的事例はいくらでも出てくるだろう。

札幌に『遠友塾』という夜間中学がある。私は夜間中学の存在を知らなかった。札幌に住む元職場の同僚がそこの講師をしていて、彼からその話を聞いてはじめて夜間中学というものがあることを知った。

戦後間もなく、戦争で学校に行けなかった子どもたちのために、まず大阪に公立夜間中学が開校し、その後東京や横浜に広がっていったという。

『遠友塾』は公立ではなく、自主夜間中学で１９９０（平成２）年に開校した。ボランティアの団体であるから、私の元同僚も給料はもらっておらず、手弁当で教えている。

彼によれば、戸籍がないため（※注）学校に通っておらず、読み書きができない年配の人や、中学の卒業証書はもらったものの実際は不登校でほとんど授業に出ていなかったので勉強をやりなおしたいという若者など、さまざまな人が遠友塾に通っているということだ。

２０１７（平成29）年に教育機会確保法が制定され、夜間中学設置の機運が高まっているという。そのような状況であれば、『遠友塾』に補助金が出たとしてもおかしくはない。仮に国、北海道、あるいは札幌市から、『遠友塾』に何らかの補助金が出たとしよう。施設や設備の整備ではなく、運営のための補助金、企業でいえば運転資金の補てんのような補助金が出たとする。

その補助金の効果をどう測るか。このようなケースであれば、初等教育の重要性は誰もが認識しているところであるから、特に効果測定をしなくてもいいかもしれない。しかし、あえて効果測定をするとして、それを数値で表そうとすれば、これはかなり難しい。

例えば雇用助成金であれば、従業員が何人増えたかは明確なのだが、『遠友塾』は企業ではないので、組織の運営状況を数字で表すことはしていない。

しかし、補助金によって塾生の受講料が安くなり塾生が○人増えたとすれば、補助金の効果があったといえるのではないか。

これは一例であるが、難しいとしても、かなり無理があるとしても、何らかの形で数値表現することは可能であろう。困難であることと不可能であることは異なる。もし、効果を測ることが本当にまったく不可能であるという補助金があったとしたら、そもそもその補助金は設けられるべきではなかったと私は考える。

そして、補助金が新たに設けられるときは、その補助金の目的を数値によって示すことを義務づけることが望ましい。

例えば、先に挙げたフランスのヒメノガンのために牧草地を増やすための補助金を例にとれば、３年間で牧草地を１００ヘクタール増やし、ヒメノガンが１０００羽確認できるようになることを目指す、というふうに。

そして「補助金白書」において、各補助金の「利用率」とともに当初の目的がどの程度達成されたかを評価することが望ましい。産業奨励的な補助金Ｂについては難しいことではないだろう。

評価の方法は、「利用率」や達成率を見るだけでなく、ほかにもいろいろな方法が考えられるが、「利用率」や達成率がより客観的な指標となるだろう。

いずれにしても、補助金の評価は欠かせない。それは白書という形式でなくてもいいし、ひょっとしたらいくつかの補助金についてはどこかで評価がなされているのかもしれない。しかし、白書という形式でより明白に誰にでもわかるように示されれば、補助金についての理解が進み、補助金をめぐるさまざまな問題についての議論に役立つだろう。

（※注）日本には無戸籍者が１万人以上いると言われている。親が出生届を出さなかった理由はさまざまであろうが、そのほとんどは民法の「嫡出推定」にあると言われている。離婚後300日以内に生まれた子は戸籍上、元の夫の子として記載されるが、この推定を覆す「摘出否認」の訴えは元の夫だけが提起できる。つまり、元の夫の協力がなければ、現在の夫の子として出生届を出せないので無戸籍になってしまう。救済のための民法改正が必要であると最近マスコミに取り上げられている。

2　補助金の漸進的な削減

融資への切り替え

補助金をめぐる問題には整理統合などのほかに、前章で紹介したモラルハザードなどの問題がある。これらは補助金に固有の問題ではなく、まさにモラルの問題であって、補助金制度を改革したとしてもおそらく解決はできない。

しかし、実は補助金をめぐるモラルハザードを解決する方法は簡単である。補助金を全廃すればいいいいのだ。そうすれば、補助金が政治に利用されることもない。

しかし、これまで見てきたように補助金を廃止することは難しい。だからといって、補助金がなくなることはないのだから、それにまつわるさまざまな問題が生じるのもやむをえないと見過ごしてしまうわけにはいかないのも確かだ。

実際には、見過ごされているわけではなく対処はされている。例えば、「補助金適正化法」の制定や政治資金規正法第22条3の規制などがその例だが、残念ながらそれらが十分に機能しているとは言い難い。

やはり、補助金を全廃するしかないとも思われるのだが、何度も繰り返しているようにそれは不可能なのだから、徐々に減らしていくしかないだろう。補助金が少なくなっていけば、それに比例して不正等も少なくなっていくはずだ。

では、補助金を徐々に減らしていくためにはどうすればいいか。

私は可能な限り「融資」に切り替えていくことでそれが可能になるのではないかと考えている。特に補助金Bについては有効だろう。

私たちが資本主義経済システムを是とするなら補助金Bはなくてもいいはずだ。そう考えれば、融資に切り替わったとしても大きな抵抗はないと思われる。

以下では、補助金Bの代替としての融資について検討することにしたい。ただし、以下で論ずる補助金Bは、企業等に支給される産業奨励的な補助金のことであり、東日本大震災時に各市町村が個人の住宅再建のために支出した支援金のような社会福祉的色彩が濃いものは考慮していないことをお断りしておく。

融資のスキーム

まず、おおまかに融資のスキームを考えてみたい。

現在でも、グループ補助金を補う高度化スキーム融資という制度があることは先に述べた。この融資制度のスキームについては第1章で紹介したがもう一度ざっと見てみる。

融資の財源となるのはグループ補助金と同様、中小企業庁の予算である。中小企業庁は融資の運用を独立行政法人である中小企業基盤整備機構に委託している。中小企業基盤整備機構は、さらに県（岩手県、宮城県及び福島県）に委託する。県には専門的に金融審査ができる部署がないので、宮城県の場合はさらに公益財団法人みやぎ産業振興機構に審査を委託している。

融資財源は単年度予算として与えられるのではなく、基金化されている。宮城県は基金の一部を中小企業基盤整備機構から預かり、農林債や電力債に投資している。その運用益が、みやぎ産業振興機構の高度化スキーム貸付事務の事務経費と貸倒引当金に充てられる。

以上のようなスキームが、補助金に替わる融資のスキームを考える際の参考になると思われるが、このスキームは複雑にすぎる。国と融資をうける企業の間に三つの組織が介在しその間での書類のやりとりには時間がかかるし、何よりも、詳細は省略するが県における基金の管理事務が想像を絶するほどの複雑さなのだ。

もう少しシンプルなスキームが必要だ。そして、実際の融資審査は地方銀行等の市中金融機関に委託すべきであろう。みやぎ産業振興機構の審査能力を頭から否定するわけではないが、専門の金融機関ではないので限界はある。ましてや、県の金融審査能力については言うまでもない。

国の仕事を民間企業に委託するのは好ましくないということであれば、日本政策金融公庫の融資制度とすることも考えられる。この場合、融資の財源は基金としてもよいが、通常の公庫の融資財源を利用し、国は債務保証をするだけという手法もあるだろう。

そうすれば、国は基金等の財源を手当てする必要はないし、国の保証があるということで補助金が有していた「恩恵」という性格は確保されている。ただし、日本政策金融公庫の融資の拡充というふうに見えるので、民業圧迫と批判される可能性はある。

私のいう国の保証は、現行の信用保証制度、つまり、各県にある信用保証協会が銀行等の中小企業に対する融資の保証を行っている制度とは異なるイメージである。

現行の保証制度では、銀行等の保証申請を保証協会が応諾するとは限らないし、銀行等から融資をうける企業は、保証協会が保証してくれることになれば、銀行等への利息に加え保証協会に保証料を支払わなければならない。

私のイメージは、金融機関が融資を決定したものは無条件で保証を応諾し、かつ保証料もとらないというものである。また、新たなスキームを構築せずに、現行の公的融資のスキームを活用することも考えられる。

　融資のスキームについてはこのほかにもいくつか考えられるが、次に融資に替えることの利点などを考えてみたい。

融資のメリット1（「ばらまき」批判の緩和）

　補助金Bを融資に替えることについてはいくつかのメリットがある。第一に、いわゆる「ばらまき」の度合いはかなり薄れるということが挙げられる。補助金は返す必要はないが、融資は、利息の有無はともかく、元本は返済しなければならないので、本当に資金を必要としている者しか申請しないだろう。

　グループ補助金でいえば、まだ地震保険と補助金の取り扱いが明確でなかった初期においては「地震保険でカバーできるけれども補助金が出るのならもらっておこうか」という企業もあっただろう。

　それが融資であるならば、保険でカバーできるのだから借入れの必要はないということになるだろう。つまり補助の必要性は、ある程度すでに判断されている。仮に必要性があったとしても、結果として補助金を支出した効果がまったくなかったとしたら、それは「ばらまき」であったと言われてもしかたがないだろう。

それが「ばらまき」であったかどうかは後でしか判明しないのだが、融資であれば融資実行の前に資金効果があるかどうかを調べて、効果がないと判断されれば融資はしないのだから、「ばらまき」度はかなり薄れる。

グループ補助金で店舗を復旧した、飲食店を運営するある企業の例を紹介したい。Ｈ社としておこう。

Ｈ社は大震災前に経営不振に陥り銀行借入れが返済できなくなり、その土地、建物が保証協会から競売に出されていた。ところが、東日本大震災による津波で建物は流出し、競売の目的物件の一つは消滅してしまった。

土地は流失しないので、土地についての競売は進行するのだが、震災後間もなく競売は取り下げられた。震災後に設立された東日本大震災事業者再生支援機構がＨ社に融資し、Ｈ社が保証協会に返済したからである。

再生支援機構の融資の目的は、震災による二重債務に苦しむ中小企業を支援することだ。しかし、Ｈ社の場合は震災によって債務の返済が不可能になったのではなく、それ以前から経営不振であったのだから、Ｈ社に対する再生支援機構の融資は本来の趣旨にそぐわないのではないかと私は考えているが、ここではそのことには触れない。

とにかく、震災によって競売を免れたＨ社はグループ補助金と地元の信用金庫からの借入れで店舗を復旧したのだ。

グループ補助金の交付決定時に県はＨ社の土地建物が競売に出されていたことを把握していなかったと思われる。知っていたとしても、それを理由にして交付を拒絶することはできなかった。暴力団員でないことや納税要件を満たしていれば、被災したのは明らかであるから交付決定せざるをえないのだ。

一方、復旧資金を融資した地元の信用金庫は、Ｈ社が震災前に極度の経営不振に陥っていたことを知らなかったはずはなかった。普通であれば、とても融資できるような状況ではなかった。

それでも融資を実行したのは、未曾有の大災害からの復旧資金であるということと、再生支援機構が支援している企業を地元の金融機関が見放すことは難しいということ。そして何よりも、Ｈ社が高度化スキーム資金融資を申し込み、それが実行されれば、それによって金庫の融資を回収できると考えたからであろう。

しかし、高度化スキーム融資の申込みは拒絶された。Ｈ社の売り上げは極度に少なく、代表者の給与も出ない状況で償還能力はないと判断されたからだ。

その後、Ｈ社がどうなったかについて私はフォローしていない。仮に経営がたちいかなくなって倒産したとすれば、結果的にではあるが補助金は役に立たなかったことになる。

宮城県では、グループ補助金の受給企業が破産してしまったケースが、私の知る限りでは10件弱ある。

破産となった場合、国には既交付補助金相当額を返納させる請求権があると私は県で教わったが、実際にはかなり難しい問題があるようだ。

仮に補助金返納請求権が財団債権として認められたとしても、破産配当にあたっては別除権という抵当権などの金融債務への支払いが優先されるので、補助金の返還は期待できない。実際、グループ補助金受給企業の破産事件で補助金が返還されたケースはない。破産になったら補助金はまず返還されないのだ。

いまのところは破産件数が少ないが、多くなれば、「ばらまき」であったと批判されてもしかたがない。補助金は返還を前提としていないので、金融機関のような調査はしないし、できない。企業の存続は当然の前提であって、交付決定時に検討されるべきものではないのだ。

しかし、企業が破綻してしまえば、投入した補助金はどぶに捨てたことになってしまうのだから、本来なら企業の維持力を金融機関なみに検討すべきなのだ。

もちろん、補助金でなく融資であったとしても、破産等の企業の破綻が100％予見できるわけではない。通常の銀行融資においても、融資決定時は償還能力があると判断されてものちに破綻してしまったというケースは少なからずある。

しかし、明らかに償還能力がない、つまり企業存続が困難であると判断された場合は融資は実行されないのだ。仮に補助金が融資に切り替わったとしても、グループ補助金のような大災害からの復旧融資の場合は、普通の融資より審査が甘くなることはあるかもしれない。それでも、単なる要件審査のみの補助金審査よりは事故率が低くなることは疑いがない。

投入された税金が企業の破綻によって効果がなくなってしまうというケースは、融資という形式であればかなりの割合で防げるのだ。

融資のメリット2（補助金の効果測定）

補助金を融資に替えるもう一つのメリットは、補助金の効果測定が、それを意識しなくてもある程度可能になるということだ。

「意識しなくても」と言ったのは、通常補助金の効果測定がなされることはないからだ。補助金に限らず役所全般の仕事についていえることなのだが、役人の仕事は与えられた予算を余すことなしに使い切ることであり、それがどのような効果があったかについてはほとんど、いや、まったく関心が持たれることはない。

特に補助金Bは、出してしまえばそれでおしまいで、補助金Bを受給した企業がどうなったかについて、役人は思いをめぐらすことはない。さきほど述べたように、破産にでもなれば破産管財人と連絡を取り、一定の措置を講じなければならないが、それ以外は補助金を受給した企業のその後を調べることはまったくない。

実は、民間企業においても設備投資などの投資効果を測定しようという意識はほとんどない。その企業が効果測定しなくても市場がそれをしてくれるからだ。市場の評価がすなわち効果測定なのだ。否応なしに決算書でそれは明確になる。

役所の仕事は市場と無関係のところにあり、市場が効果測定をしてくれることはないから、別に効果測定の仕組みを考えなければならない。効果測定が必要であるという前提に立てばの話だが。

仮に効果測定をしてみようとなったところで、具体的にどのように測定するかは難しい。補助金Bの典型であるグループ補助金で考えてみよう。

グループ補助金の効果という場合、二つの視点があるだろう。一つは、言うまでもなく、補助金の受給者である企業がこの補助金の目的である復旧を成し遂げることができたのかどうかということだ。

もう一つは、個別の企業は考慮せず、グループ補助金全体としての効果を見ようという視点だ。つまり、グループ補助金の投入が地域経済にどのような効果をもたらしたかだ。これはそう簡単ではないが、建設会社や車両販売会社の売り上げが大幅に伸びた、いわゆる「復興需要」についてグループ補助金がどれぐらい寄与したかを推計することはできるかもしれない。

または、税務署においては、当該地域の法人税収入がどれくらい回復したかを把握することは可能であろう。あるいは、先に述べたように商工会議所の会員数が増えたとか、金額では測れない効果もあっただろう。

問題は、前者の個別企業についてだ。補助金受給企業が復旧したかどうかは、決算状況を調べ、売上、利益水準などの回復度合いを見ることが一つのメルクマールになるだろう。

グループ補助金の申請の際には、直近三期の決算書の添付が必要になっているので、補助金支出後にまた決算書を見れば補助金が支出された後と前との比較はできる。しかし、受給企業は４０００社にのぼる。そのすべての企業から再度決算書の提出を求め、比較分析するのは実質的には不可能である。

ただし、融資であればそれは可能になる。

グループ補助金で不足する分をまかなう高度化スキーム融資という制度があることは先に述べた。この融資を実行するにあたっては、通常の金融審査があるのでグループ補助金を受給した企業の状況はよくわかる。さきほどのＨ社の震災前の状況も高度化スキームの審査で判明したものである。

補助金で生産ラインを復旧したが受注が思わしくなくラインがほとんど稼働していないこと

がわかったという例もある。融資後もフォローはなされている。

みやぎ産業振興機構では融資企業に対し毎年決算書の提出を求めていて、「フォローアップ」と呼ばれている融資後の経営状況調査を行っている。

したがって、高度化スキームを利用した企業についてはグループ補助金の効果がわかるのだ。ただし、グループ補助金を受給した企業のうち高度化スキームを利用した企業は３割にすぎない。７割については効果があったかどうかはわからないのである。

ここで、補助金とはまったく関係のない通常の銀行融資について考えてみよう。通常の銀行融資では、高度化スキームのような融資先についての「フォローアップ」はなされない。

では、融資したらそれっきりなのかというとそういうわけではない。通常の銀行の仕事のなかで、「フォローアップ」という特段の形式をとることなしに、経営状況の把握はなされているのだ。

「お得意先回り」と称して担当者が企業を訪問して、いろいろな話をするだろうし、銀行の預金口座の動きをみれば、今月は売上げが多かったとか少なかったとか、おおよその動きは把握できる。

みやぎ産業振興機構が「フォローアップ」という形式を取らざるを得ないのは、金融機関ではないので預金取引はなく、預金口座の金の動きから経営状況を判断することができないからだ。

では、日本政策金融公庫のような預金業務のない金融機関の融資についてはどうか。

一定の金額以上の融資先については、年一度「自己査定」を行い金融庁に提出することになっている。「自己査定」とは、金融機関が自ら貸出債権のデューデリジェンス（資産査定）を行うことだ。

第1章で述べた銀行の不良債権が問題となった時期に、国が銀行の貸出債権の状況を調べるためにできた制度である。「自己査定」の結果、不良債権が多いとわかれば貸倒引当金の積み増しなど是正措置が求められる。

「自己査定」は、当初は民間金融機関だけが対象であったが、ほどなく政府系金融機関も「自己査定」を求められることになった。したがって、日本政策金融公庫も融資した企業から決算書をもらい「フォローアップ」をしているのだ。

「自己査定」の金額基準に達していない小口の債権についてはどうか。これらについては、決算書を求めて定期的に資産査定を行うことはないが、ふだんの返済状況からおおよその判断ができる。

毎月滞りなく返済がなされていれば、その企業の経営状況には特に大きな問題はないと判断できるが、返済が遅れてくると要注意である。現行の条件で支払いが続行できないということになれば、しばらくの間返済を猶予するとか、あるいは毎月の支払額を減らすなどの方策を考えることになる。

これを条件変更という。企業からの条件変更の申し出については、金融機関は即座に無条件で認めることはしない。決算書や資金繰り表の提出を求めて、支払額をどの程度減額できるか、あるいは、しばらくの間支払を猶予したとしても、その後売上げが回復する見通しがあるのか、などを詳細に検討し、それから新しい支払条件を決定することになる。つまり、ここで企業の経営状況を把握することになるのだ。

このような、条件変更の事務など融資後の事務を「債権管理」という。補助金の交付事務には当たり前のことだが、「債権管理」の仕事はない。補助金は出してしまえばそれで一件落着だが、融資の場合は、融資したあとに「債権管理」という重要な仕事があるのだ。金融機関は債権管理によって貸した後でも企業の経営状況を把握しているのだ。

投入された公的資金が、つまり投入された税金が、補助金という形を取るならば事後のことは不明だが、融資という形をとるならば、事後でも税金が投入された企業の状況は把握できるのだ。

融資のメリット3（財産処分問題）

いままで何度も「補助金は出してしまったらそれでおしまい」と書いた。ただし、それは補助金の効果測定などの話であって、実は補助金Bには面倒な仕事が残っている。

それは財産処分の問題だ。財産処分については第2章の「3 グループ補助金」で触れたが、もう一度簡単に説明しておこう。

補助金で取得した施設・設備を勝手に処分することは許されない。これを財産処分の制限という。つまり、補助金で建てた建物や補助金で購入した機械、車両などは耐用年数が経過するまで大事に使わなければならないということだ。

ところが実際には、何らかの事情で使用不可能になる場合が少なからずあるし、途中で廃業してしまうこともある。そのような場合に、補助金を返還するのかしないのか、返還するとなればその計算方法はどうするか、というような面倒な局面になる。

これらの事務処理には、多大の労力と時間が消費されている。特にグループ補助金ではそれが顕著であって、私はそのことを『お役所仕事の倫理と論理』（創栄出版　2018年）で書いたので関心のある方は参照していただきたい。

財産処分の問題以外にも、グループ補助金には繰り越しの問題など非効率な事務処理を強いられる問題があるのだが、融資という形式であればそれらは一気に解決されるのだ。

つまり、事務効率という観点からは、補助金よりも融資のほうがはるかに優るのだ。しかし、私のこの主張には反論が予想される。それは、私が以前金融機関に勤務していて融資事務に慣れているからそう思うのであって、補助金に関する事務も慣れてしまえば非効率とは思わなくなるだろう、というものだ。

それは一理ある。性質の異なる仕事の効率性を比較するのは難しいし、何よりも、役所の辞書には「効率性」とか「効率的」という言葉はないのだから、効率的であることがなぜメリットなのか理解されないかもしれない。

しかし大事なことは、補助金を支給する側、融資をする側の効率性だけでなく、補助金を受給する側、融資を受ける側の効率性も考慮に入れる必要があるということだ。

このセクションで財産処分の問題を取り上げたのは、この問題が県の職員の事務負担を大きくしていることもあるが、補助金を受給した企業にも負担になっていることがわかったからだ。

財産処分制限の諸項目、廃棄、転用、譲渡などの禁止もそうだが、特に問題なのが担保提供に制限があるということだ。このことについては第2章の「3 グループ補助金」の「財産処分」で少し触れたが、ここで詳しく説明したい。

財産処分制限を規定している「補助金適正化法」の第二十二条は先に抜粋したが、重要な条文であるので再度示す。

《補助事業者等は、補助事業等により取得し、又は効用の増加した政令で定める財産を、各省庁の長の承認を受けないで、補助金等の交付の目的に反して使用し、譲渡し、交換し、貸し付け、又は担保に供してはならない。ただし、政令で定める場合は、この限りでない。》

この条文にあるとおり、担保提供は原則禁止なのだが、承認があれば抵当権設定は可能なのだ。しかし、実際は承認が下りるのは極めて難しい。また、この規定が銀行にも企業にも充分理解されていないので、グループ補助金においては承認をえないまま担保設定してしまったというケースがかなりあった。

グループ補助金に関する担保提供についての問題に対処するためには金融実務に通じている必要があるということで、国の窓口となっている東北経産局との担保についての折衝は私が担当することとなった。

この東北経産局との折衝で私がもっとも苦労した点は、経産局の、つまり国の見解が頻繁に変わるということだった。当初は銀行実務の説明に苦労はしたが、それはすぐに解消された。経産局だけでなく県もそうだが、役人は基本的な法律知識があるし頭が良いから、担保の異動など銀行取引の法律実務も説明すればすぐに理解してもらえる。

ところが、見解がすぐに変わるのには閉口した。取扱いが変われば銀行は当惑する。銀行との折衝も多くなるのだが、それも私に声がかかった。県の職員は銀行との折衝を苦手としている、というよりも毛嫌いしているところがある。

だいたい銀行員は押しが強いし、役人は気が弱い人が多いので無理もないが、私にお鉢が回ってきたのは、金融実務に通じているからという理由ではなく、あいつは口が先にたつからという理由であるらしかった。

それはともかくとして、国と銀行との間に立って私はかなり苦労した。私は県の役人とは異なって交渉事は好きなので、押しの強い銀行員と話すことそれ自体はまったく苦痛ではなかった。

苦しかったのは、担保についての国の見解が変わり、その理由をうまく説明できなかったことだ。例えば、当初は根抵当の設定は承認されたが、突然普通抵当なら承認するが根抵当は原則不可ということになった。

震災前に設定されていた根抵当の全部譲渡、あるいは一部譲渡については承認申請が必要なのかどうかについても、見解が二転三転した。

グループ補助金の交付決定日以前に設定されていた抵当権等については、補助金が入る前から存在していたのだから、当然承認申請は不要である。ところがその設定基準日についても、当初は交付決定日であったのが事業完了日であるということになった。

グループ補助金はこれまでの補助金とは異なる特殊な補助金である。通常は施設や設備の修理資金に補助金が出ることはない。新たな建設、購入が原則なのだ。ところがグループ補助金では、被災した施設、設備の修繕資金も対象になる。

これが財産処分にあたっての想定していなかった問題、例えば機械を修繕した場合に耐用年数はどう計算されるのか、などという問題を出現させることになった。既存の抵当権の異動もそうなのだが、従来は補助金が出る建物は新築であったから、既存の抵当権は問題にならなかった。

東北経産局や銀行と折衝しているうちに、現行の財産処分の規定はグループ補助金に馴染まないところがあるのではないかと私は考えるようになった。そこで、私は東北経産局に出向き、法改正とまではいかなくても、東日本大震災のための特例措置が必要ではないかと話してみた。

ところが、担当者は、

「そんなことを言うのはあなただけであって取り上げることはできない」

と一蹴した。私は、実際に起こっている問題を説明し、

「従来の規定は合理的ではないと思われるが」

と主張すると、今度は一地方局ではどうすることもできないと言われて、引き下がらざるをえなかった。

それで私は、この問題をマスコミに取り上げてもらうことを考えた。例えば日本経済新聞社などに投書してみようと、次のような文案を作成した（数字は２０１５（平成27）年当時のものである）。

《先の東日本大震災で被災した人・企業に対してはさまざまな補助金が交付されている。そのうち、私は宮城県の企業復興支援室で、中小企業等グループ施設等復旧整備補助事業、通称「グループ補助金」の交付の仕事をしている。

グループ補助金の詳細についてはスペースがないので省略するが、一言で言うと、東日本大震災で被災した中小企業が、その施設・設備を復旧・整備するための補助金である。宮城県ではこれまで約３８００の企業に対し、約２３００億円の交付決定がなされている。

ところで、補助金で取得した施設・設備はかってに売却したり廃棄したりすることはできない。これを「財産処分の制限」という。グループ補助金の場合は処分にあたっては県知事の承認が必要になる。

売却や廃棄が「処分」に該当するのは容易に理解されるが、銀行等に担保提供すること、つまり抵当権の設定も「処分」に該当する、ということは十分理解されていない。県では、抵当権の設定でも処分承認の申請が必要だということを折に触れて説明はしているが、担保提供しても所有権の移転は伴わないので「処分」には該当しないと思われているのか、なかなか理解が進まない状況にある。

したがって、承認を得ないうちに担保設定をしてしまったということが散見される。その場合はやむをえず事後承認ということになるのだが、実は事後事前にかかわらず、申請の承認が下りないことがあって企業が苦慮することがしばしばある。

まず第一に、承認書は県知事名で出されるのだが、その前に国の審査があり、実際は国が承認するといっても差し支えない。グループ補助金のうちの3分の2は国が出しており県が出しているのは3分の1である。つまり県単独の補助金ではないので、事務手続きのほとんどについて県は国にお伺いをたてなければならない。この場合の国は中小企業庁（以下「企業庁」と略す）を指す。

企業庁は、平成16年6月10日会課第5号「補助事業により取得し又は効用の増加した財産の処分等の取扱いについて」という通達において、「担保に供する処分の申請については、次のいずれかに該当する場合に限り、担保権実行時に国庫納付する旨の条件を付して承認する」としている。「次のいずれか」とは以下の二つである。

①申請に係る処分制限財産を取得し、又はその効用を増加させるために必要な資金を調達する場合（補助金等の交付の決定（又は計画変更の承認）において個別に認めるものに限る。）

②資金繰りの悪化等により補助目的たる事業の継続が困難であると認められる場合。

これをグループ補助金における担保提供で考えてみよう。グループ補助金が交付されるのは施設・設備の復旧に要する経費の4分の3である。不足分の4分の1の部分を銀行借入れでまかない、そのための担保提供なら承認するというのが①の意味である。

また、「その効用を増加させるために必要な資金」とは、グループ補助金で取得した施設・設備の修理等に要する資金と考えられる。つまり①は、あくまでもグループ補助金で取得した物に限定される設備資金である。

②は運転資金の借入れのためなら担保設定が承認される、というものである。ただし、②の解釈は諸説あるようで固まってはいないようである。国の審査の窓口となっている東北経産局は②を柔軟に解釈していて、通常の運転資金について可としているが、企業庁はこれを厳しく解釈しているようで、通常の運転資金は不可としているようだ。

しかし、資金が潤沢であれば運転資金を借りる必要はない。程度の差こそあれ、運転資金が必要ということは資金繰りは悪化しているのだ。その意味で東北経産局の解釈は正しい、１００％正しい。

もっとも、この通達の作成者である企業庁の大臣官房会計課に、そのような意図ではなかった、と言われればそれに従うしかないから、解釈論議はさておいて、担保設定が認められるケースを整理してみよう。簡単に言えば、復旧事業費の４分の１の部分の資金調達のための借入れを除けば、今後発生する運転資金借入れのための担保設定しか認められない、ということになる。

厳密に言えば①で設備資金を排除してはいないが、それはグループ補助金にかかる物に限定されているので、今後発生する設備資金借入れのための担保設定は認められていない。つまり、今後の設備投資のための借入れの担保設定はできないのだから、設備資金の借入れのための担保設定は実質不可能なのだ。

問題は②である。

ここには「運転資金」という言葉は出てこない。しかし、条文を読めば「運転資金」以外はありえない。

「運転資金」の定義は難しい。あえて定義しようとすれば、「設備資金以外のもの」としか言いようがないが、国の見解は異なる。国は「運転資金」を非常に狭く解釈していて、「原材料仕入れ資金しか認めない、労務費等の経費は運転資金の対象外だ」と言うのだ。東北経産局に、原材料仕入れ資金しか認めないということであれば、サービス業などの原材料仕入れが発生しない業種には運転資金はありえないということかと質問したが明確な回答はない。そして、過去の（グループ補助金交付決定日以前の）債務のために担保提供することは認められないのだ。

例を挙げよう。

Ｋ社の店舗・事務所は東日本大震災による津波で流出してしまった。Ｋ社はグループ補助金で店舗・事務所を復旧した。以前の店舗・事務所と底地には震災前にＳ金庫が根抵当権者になっている極度額５０００万円の共同根抵当が設定されていた。

土地についてはそのまま根抵当が残っているが、建物については滅失してしまったので当然根抵当も消滅した。Ｋ社は、Ｓ金庫に「建物を建て替えた際は引き続き根抵当を設定する」という念書を差し入れていたので、復旧した建物に再度根抵当を設定した。

Ｋ社は、以前に設定していた根抵当であるから財産処分の承認申請は不要と考え申請をしなかった。Ｓ金庫の担当者は財産処分制限のことを知らなかった。

ところが、後日、みやぎ産業振興機構から融資を受ける際に、本件は承認申請が必要であったことが判明し、Ｋ社は始末書とともに事後承認の申請を提出するか、あるいはいったん根抵当を抹消したうえで承認申請を出すべきか県に相談した。県は国と協議したが、国の見解は、「どちらも認められない、ただちにその根抵当をはずせ」というものだった。

認められなかった理由は、過去の債務（補助金の交付決定日以前の債務）をカバーするための担保設定は不可、というものだった。Ｓ金庫は、以前からの根抵当を復活するだけでありＫ社もＳ金庫も新たな利益を得るものではないこと、この根抵当で保全される過去の債務も明らかに「事業の存続が困難であると認められる場合」に該当する、と主張し、Ｓ金庫の仙台支店長は、県の幹部と東北経産局に直接談判したが、やはり認められなかった。

グループ補助金は震災前の状態に戻す（過大復旧は認められない）ことを目的としているのだから、抵当権設定等の権利関係も震災前の状態にすることは承認してもいいのではないかと私は考えている。しかし、このことについて国は絶対に認めようとはしない。

先の例は建替えであるが、修繕の場合も同様である。例えば、簿価１億円の工場が被災し、５０００万円の補助金をもらい修繕したようなケースはわからないでもないが、１００万円しか修繕費がかかっていない場合でも、たとえわずかな額でも補助金が入ると建物はもう担保設定が難しくなるのだ。これはあまりにも厳しいのではないだろうか。

日本の銀行はこれまで不動産担保にたよりすぎていたという批判があり、現在は無担保貸付の推進が求められているところである。その流れは歓迎されるものであるが、一方で銀行の無担保貸付の審査に適合しない経営内容の良くない企業、つまり不動産担保を提供するしか資金調達の方法がない企業もあることは事実である。

そのような企業が、補助金をもらったばかりに不動産担保提供による資金調達の道を閉ざされ、設備投資も思うようにできず、ひいては企業の存続にかかわるという事態になれば、なんのための補助金だったかわからなくなる。

抵当権設定については、これを財産処分に含めないとするか、あるいは許可条件を緩和するか、または災害からの復旧のための補助金の財産処分については特例を設けるなど、国に再考をお願いしたい。》

私は投書を直属の上司に示して、これを新聞社に送りたいのだがとお伺いをたてた。上司の返事は案の定、

「いろいろなところに影響がありますのでやめてください」

というものだった。よく考えてみれば、国が不愉快に思うことを県の職員がいいですよというはずがない。私は上司の意見を無視して送ろうかとも考えたが、万が一取り上げられた場合

に、私自身はどうでもいいのだが上司に迷惑をかけることになるだろうと思い送ることは断念した。

とにかく、私の投書は日の目を見なかったのだが、もっとも主張したかったことは、間接金融が主体の日本において、銀行融資が難しくなることは中小企業にとっては死活問題になるということだった。

そのことが国には充分理解されていないようで、私はかなり歯がゆい思いをしたのだが、この問題についての国との詳しいやりとりは『お役所仕事の倫理と論理』でも触れたので、ここではもうこれ以上触れない。

このような補助金についての財産処分制限の問題は、融資という形にすればまったく問題にならなくなる。企業は財産処分に頭を悩ます必要はなくなるし、何よりも補助金を支出した役所の財産処分についての事務負担がなくなることが大きい。

ただし、補助金を融資に切り替えるとしても、国は諸法令の「補助金により取得した財産」は「○○融資により取得した財産」と読み替えるというような通達を出し、財産処分制限を残そうとするかもしれない。

それは、国がどの程度融資の財源を負担するかという融資のスキームによるが、利子補給だけならともかく、ある程度の財源を負担するスキームであれば、まちがいなく財産処分制限の規定を「読み替え」ということで残すだろう。

その場合は、担保提供を財産処分からはずすことをぜひ検討してもらいたい。

融資のメリット4（不正防止）

金融実務の分野に少し立ち入りすぎたかもしれない。融資のメリットに戻ろう。

融資ということになれば、不正受給などのモラルハザード、政治家の口利きは、補助金の場合に比べてかなり減少するだろう。

前章で、企業主導型保育所にかかる補助金の不正受給について触れた。その新聞記事では「企業主導型保育所は政府主導の手厚い助成などで推進されたが、安易な審査など制度設計の甘さも指摘されていた」とされている。

助成金の申請窓口となっている公益財団法人児童育成協会が審査をしたのだが、児童育成協会の審査については、「工事費が相場の5倍でも通る」などとネット上で噂になっており、以前から審査の甘さは評判になっていた。

私は児童育成協会の組織や審査がどのように行われていたかについて調べていないので、「審査の甘さ」についての即断は避けたいが、そもそも公益財団法人は営利目的の組織ではない。

つまり、実質的には役所と同じであるから審査が甘くなることは容易に想像できる。

グループ補助金の審査も私に言わせれば大甘であったが、それでも「震災前の水準に戻す」という物差しがあったので、過大復旧にならないよう工事見積書は子細に調べていたし、複数の業者から見積書をとらせ、そのなかの最も安価なものを採用させるという手段をとっていた。

そのような物差しがないとすれば過大投資であるかどうかはあまり問題にならないのかもしれない。設備資金の銀行融資においては、銀行は計画されている企業の設備投資が過大か適切かということを、最初に検討する。過大な設備投資によって企業の存続が危うくなれば、融資金の回収が困難になり、銀行も損害を被るからだ。

補助金であれば回収のことを考える必要はないからどうしても審査は甘くなる。補助金と「安易な審査」はセットである。審査を厳密に行うべきであるとするならば、補助金から融資に切り替えていくべきだろう。

もちろん、融資になれば不正は完全になくなるというわけではない。一般の銀行融資でも、銀行がだまされた、不正を見抜けなかった、という例が皆無なわけではない。

しかし、不正をする側からすれば、補助金と融資では、変な言い方だが、不正の工作にかける情熱が違うだろう、補助金は返す必要がないが融資金は返さなければならないのだから。補助金をもらうために設立された会社を私は知っているが、融資を受けるために設立された会社を私は知らない。

政治家への口利きも同様である。融資になっても口利きは完全になくなるわけではない。前章でも触れたが、私も日本政策金融公庫時代に国会議員との対応には苦心した。しかし、企業にしてみれば、まったく返済する必要がないのなら多少経費がかかっても政治家を使おうとするかもしれないが、返済しなければならないのであれば政治家を使おうという情熱は薄れるであろう。

以前は政治家のほうも、他のことであればともかく、融資の口利きには慎重であった。いきがかり上、保証人にならざるを得ないこともあったからだ。

最近は、一般の銀行融資においては保証人を取る融資はほとんどなくなったので、保証に関する問題はほとんどなくなったが、以前はある衆議院議員が保証債務のために議員歳費を差し押さえられたことがある。

融資にまつわる事件で私がまっ先に思い浮かべるのは、１９４８（昭和23）年の昭和電工疑獄、贈収賄事件である。融資に関係することで、内閣が総辞職するという大事件であったからだ。

復興金融公庫から二十数億円の復興融資を受けようとして、当時の昭和電工の社長日野原節三は官庁や政界に多額の運動資金をばらまいた。後に首相となる、当時大蔵省主計局長の福田赳夫も収賄容疑で逮捕されている。結局、福田や収賄の疑いで逮捕された政治家はほとんど無罪になるのだが、当時の芦田内閣は総辞職することになった。

日野原が賄賂をばらまいたのはなぜか。それは復興融資を受けたかったからなのだが、補助金ならともかく、返済しなければならない金のために多額の賄賂を多方面にばらまく必要があったのだろうか。

日野原は復興融資を補助金と同様に考えていたのではないだろうか。契約上は利息をつけて返済しなければならないが、特別な融資であるから、いずれは劣後債となって最終的には「返済しなくてもいいよ。資本金にしなさい」という結末になるだろうと踏んでいたのではないだろうか。あるいは、そういう結末にするための運動資金をばらまいたのではないだろうか。

もちろん、これは私の憶測にすぎない。しかし、昔は政府の融資は返さなくてもいいものだという認識が一部にはあったことは事実である。マル経についても、制度発足当初は、

「あれはもらったものだから返さなくていいんだ」

と公然と言う人がいた、ということを聞いている。

高度化スキームの融資についても、

「返済できないと言い続ければ、最後には国がなんとかしてくれる、復旧資金なんだから」

と言った企業があると聞いたことがある。事実だとしてもそれは願望であって、最近は政府の融資であっても返済しなければならないものだということは誰もが認識している。

繰り返しになるが、補助金を融資に切り替えたとしてもモラルハザードや不正は完全になくなりはしない。しかし、融資になれば減少することはかなりの程度期待できる。減少の度合いは融資のスキームによる。融資についての国の関与の度合いが少なければ少ないほど、モラルハザードや不正も少なくなるであろう。

融資のメリット5（財源圧迫緩和）

補助金を融資に替える最大のメリットは財源の負担が軽減されるということだ。軽減の度合いは融資のスキームによる。例えば、国が利息のみ負担するというスキームであるならば、財政負担が軽減されることはいうまでもないが、融資財源の全部を、あるいは大部分を国が拠出するスキームであっても、融資金は返済されるものであるから、まったく返す必要のない補助金にくらべて財政負担が軽減されることはまちがいない。

国が負担するのは貸倒れで回収不能になった分だけである。補助金に替わる融資であれば、一般の銀行融資よりも貸倒率は高くなるであろうが、それでも何割かは戻ってくるのだから財政負担の度合いは補助金と比べるまでもない。

もっとも、融資に切り替えることによる財政負担の軽減がメリットだというのは民間人の発想であって、役人はメリットだとは思わないかもしれない。財務省は賛同してくれるかもしれないが、ほかの省庁は財政負担の軽減ということには、たぶんあまり関心はないだろう。よく、財務省からより多くの予算を取ってくることが大臣の仕事と言われる。各省庁にあっては、より多くの予算を獲得することがその省庁の存在意義を高めると思われているのだから、融資に切り替わることによって割り当てられる予算が減少すれば、逆にデメリットということになるかもしれない。

しかし、財源の問題は役所だけの問題にとどまらない。

先に述べたように私たちは東日本大震災にかかる復興特別所得税を２０３７（令和19）年まで支払うことになっている。

昨今の新型コロナ経済対策では莫大な予算が計上されている。このために、新型コロナ対策特別税、そういう名称になるかどうかはわからないが、とにかく新たな特別税が徴収される可能性は大だ。そうなればその徴収期間が何年に及ぶかは不明だが、おそらく私たちはかなりの期間にわたってダブルの特別税を負担することになるだろう。

新型コロナ経済対策の事業規模総額には融資の事業規模が含まれているのですべてが真水であるわけではない。しかし、真水部分が多ければ多いほど、つまり融資の割合が低ければ低いほど私たちの負担が増大することを忘れてはならない。

3　補助金の整理、統合、縮小に向けて

三区分の提唱

前項での提言において、私がメリットだとしたところは「いやデメリットだ」という人もいるだろう。そのことについては後で触れることにして、ここで私の提言を整理しておきたい。

補助金は全廃とまではいかなくても、ある程度整理され縮小されるべきであるというのが私の考えである。その進め方として、①補助金として残すもの、②融資に切り替えていくべきもの、③廃止すべきもの、の三つに区分して考えていくことが必要と考える。

言うまでもなく、このような作業は各省庁、各地方自治体で、「補助金見直しの基準」なるものを設けていくどとなく行われてきている。

しかし、すべての補助金見直し計画を調べたわけではないので断定はできないが、補助金の整理、統合はさほど進んではいないと思われる。それはスクラップ・アンド・ビルドで、ある補助金がなくなってもまた別の補助金がつくられるからだ。

スクラップ・アンド・ビルドというと聞こえは良く、カタカナで表すことによってごまかされてしまいそうだが、要は数合わせなのだ。これでは、いくら「補助金見直しの基準」を作成

して区分してみたところで補助金の削減は進まない。

そこで私の提言なのだが、先に挙げた三つの区分のうち、「②融資に切り替えていくべきもの」がポイントになる。

これまでのすべての補助金見直しを調べたわけではないが、おそらく、「融資に切り替えていくべきもの」という項目がある補助金見直し計画はないだろう。あったとしてもごくわずかではないだろうか。

そこでこの項目を入れることによって、補助金の漸進的な削減は確実に進むはずだ。説明の順序が逆になったかもしれないが、融資のメリットは先に述べたとおりである。

もちろん、補助金すべてが融資に代替されうるわけではない。補助金Ａの大部分は現実的には難しいだろう。理論的には地方公共団体が銀行融資を受けるのは不可能ではないし、実際にその外郭団体である住宅供給公社などは銀行融資を利用しているところもある。

また、地方債の発行による資金調達も広い意味での融資と考えられないこともない。しかし、資力のない地方公共団体が地方債の発行や銀行融資で資金調達をすることは困難であるから補助金は必要ということになるのだろう。

一方、補助金Ｂは融資に切り替えるのは比較的容易であるように見える。しかし、例えば、第2章で紹介したフランスの牧草地を増やすための補助金については融資に切り替えるのは難しいかもしれない。小麦を増産したいという企業の正当な経済活動を阻害するものであるからだ。

また、仙台市の高齢者のための公共交通手段の確保としてのタクシー会社への補助金も融資に切り替えるのは難しい。補助金でなければタクシー会社が赤字になることは目に見えている。急発進を防ぐ安全装置取り付けの補助金については、融資に切り替えることはできないこともないような気もするが、高齢者が主な対象であれば、融資に切り替えるのは難しいかもしれない。

このように、補助金Ｂであってもすべてが融資に代替されうるわけではないが、産業奨励的な補助金Ｂはほとんど代替可能であろう。

「融資に切り替えていくべきもの」という項目を入れることによって補助金削減の「本気度」が試されると私は考えている。もし、融資に切り替えてはみたが、その融資に需要がない、あるいは企業が「補助金ならもらうが融資は受けたくない」ということなら、それはそもそも補助金の必要性が薄かったということを意味している。

つまり、融資に切り替えれば補助金の必要性、切実性がわかる場合がある。このことも「融資のメリット」の一つに加えてもよかったかもしれない。

誰が区分を行うか

では、この三区分を誰が行うのか。これは難しい問題で、私にも明確なアイデアはない。ただし、従来のように各省庁や各地方公共団体に任せるべきではないということだけは強調しておきたい。

よく「総論は賛成、各論は反対」というフレーズを耳にする。各省庁は補助金整理については異議を唱えることはしないが、自分のところの補助金は残そうとする。

萩田保が『補助金制度論』で「財政当局だけは、補助金整理に熱心であるが、他の関係者は、総て反対者だということである」と書いたことは第1章で紹介した。

また、前掲書『地方自治全集 補助金』で鈴木慶明は、補助金制度には弊害はあるが必要なものだとしたうえでこう書いている。

《ただ補助金の中には個々についてみると、効果があがっており今後とも存置する必要のあるものと、そうでないものとがある。

現在効果のあがっている補助金は存置するとしても、あまり効果のあがっていない補助金は徹底的に整理し、それに代わる一般財源を地方に与える必要がある。》

正論である。反論の余地はない。しかし、この本が発行されたのは１９７７（昭和52）年であるが、それから現在に至るまで、補助金の徹底的整理はなされただろうか。

とてもそうは思われない。そして、効果が上がっているいないを、誰がどのように判断してきたのだろうか。私が知らないだけで、たぶん各省庁で補助金の評価がなされてきたのかもしれない。そうだとしても、徹底的整理が進んでいないということは各省庁の評価が甘いということなのだろう。

各省庁が所管している個別の補助金の評価は、その省庁に利害関係のない者が行うべきである。そして補助金の整理にあたっては、個別の評価だけでなく全体的に見る必要もある。省庁間で重複する制度もある可能性もあるからだ。

実際にあった例を紹介しよう。宮城県でグループ補助金を申請してきたある水産物加工会社T社の例である。

東日本大震災による津波でT社の工場・事務所は流出してしまった。もとの場所には防潮堤がつくられることになり、当地での再建は不可能になったが、別の場所に水産加工業団地が整備されることになり、T社はそこで工場を再建することとした。

その工場団地に入居する企業の工場の建設資金に対しては水産庁から補助金が出ることになっていた。ところが、T社はグループ補助金も申請してきたのだ。さらに、国土交通省からも以前の場所から立ち退くための補償金が出ていた。

国交省の補償金はほかの省庁の補助金とは関連はない。T社が水産加工団地に入居しようがしまいが、あるいは再建を断念し廃業することになっても、つまり営業をしなくても営業補償金は出るのだ。

このケースは東日本大震災からの復旧の特別の工事であるが、例えば一般的な国道拡張工事などでも同じである。補助金どうしでは重複利用は原則として認められない。ただし、市町村独自の補助金については、県や国の補助金との重複を認めるものもあるが、それは極めて例外的なものである。

「重複」の意味であるが、これが同一の施設・設備についてなのか、それとも利用する「者」にかかるかは補助金によって異なる。例えば、宮城県内の市町村ではグループ補助金でカバーされなかった4分の1の部分を補助するというところもある。この場合は、同一の施設・設備に対して二種類の補助金が出ていることになる。

宮城県にはグループ補助金と同じ目的の、通称「県単」と言われる県独自の補助金があるが、これはグループ補助金との重複利用を認めていない。補助対象となる施設・設備が異なっていても認められない。同一「者」でのグループ補助金と県単の重複利用は認められないのだ。

T社の社長は、重複利用が認められないことを知っていたのか知らなかったのはよくわからないが、県が水産庁とグループ補助金との重複利用は認められないと説明しても社長は納得しなかった。補償金は少額であり、二つの補助金がないと復旧ができないと主張したのだ。

最終的には社長は納得し、補助金の重複利用ということにはならなかったのだが、社長の説得はかなり難航したのだ。私自身が直接社長の説得にあたったわけではないが、はたから見ていて、「縦割り行政」という言葉を、民間人であった私は強く意識せざるをえなかった。

T社の社長は県の説明を信用していなかったようなので、県は国に相談したのだが、東北経産局からは他の省庁の補助金との調整はしないしできないと言われたようだった。同じ「国」であっても、「あなたはあなた、私は私」なのだ。

それではと、県は次に復興庁に相談した。しかし、それもはかばかしくはなかったと聞いている。震災復興についての国の施策の企画・調整が仕事であるはずの復興庁でも、各省庁の補助金の調整は難しいらしいのだ。

国交省の補償金が思っていたよりはるかに少額だったとT社の社長が怒ってまくしたてていたのを私は直接聞いた。そのときに私は、国交省がほかの省庁から補助金が出ることを考慮して低く抑えたのではないか、と考えた。しかし、すぐにそんなことはありえないということがわかった。

いわゆる立ち退き補償金がどのようにして算出されるのか私は知らないが、たぶん不動産の固定資産税評価額や時価だけでなく、収益を産む物件であれば収益還元法などで計算した価値が加味されるのだろう。それだけの話であって、たとえその立ち退きに関してほかの省庁の補助金が出るとわかっていても、その補助金が立ち退き補償金の算出に影響を与えることはまったくない。

一つの補助事業が行われる場合に、それに対する補助金はもちろん必要最低限のレベルに抑えられる。しかし、それはその補助金を管轄する省庁内部の話であって、ほかの省庁の補助金と重複がないように協議して補助金交付が進められることはない。「重複はありえない」という前提のもとに、「あなたはあなた、私は私」で進められるのだ。

ましてや、立ち退き、移転は「補助事業」と見なされないのだから、立ち退き補償や移転補償に際して補助金との調整が行われるはずがなかったのだ。

T社の件では、補償金と補助金に関しての何らかの調整が行われてもよかったのではないかと私は考えているが、それは常にコストを意識せざるをえなかった民間人の発想であって、役所には無縁の考え方なのだろう。そのことは別にして、各省庁間の調整は絶望的なまでに難しいと私は感じさせられたのだった。

2019（令和元）年6月5日に、政府が4日に農水省内に農産物輸出「司令塔」を新設することを決めた、という新聞報道があった。「農水省と厚生労働省にまたがっていた輸出相手国との交渉や衛生基準の認定などの業務を一本化し、行政手続きを迅速化して市場開拓を図る」というものだ。

例えば、牛肉を欧米に輸出しようとする際には、食肉処理施設が欧米の衛生基準を満たしているかどうかを厚労省から認定を受けなければならないのだが、その新聞記事によれば、厚労省の人員不足でその手続きに2年以上かかることもあるらしい。

それで、認定業務を農水省に移管するとともに、両省にまたがっている輸出相手国や輸出業者との窓口を一本化し、申請手続きなどをしやすくするというものだ。当然である。ビジネスはスピードが最重要であり、物を売る手続きに2年もかかるようでは話にならない。あえて記事にするまでもない当然のことのようにも思えるのだが、記事になるということは、それが画期的であるということなのだ。

農水省にとっては農産物の輸出促進が重要課題であっても、厚労省ではそうではない。「あなたはあなた、私は私」なのだ。つまり、「縦割り行政」がビジネスの重要要素であるスピードとシンプルを阻害していたのだ。

そのことは知られていたはずなのに、ようやく最近になって改善が図られたのだ。弊害があれば除去するのは当然のことなのに、それがなかなかできなかったのは、「縦割り行政」の弊害を取り除くのはそう簡単ではないのだ、と私はこの記事を読む。

補助金の評価、整理の話に戻ろう。「あなたはあなた、私は私」で、各省庁にはほかの省庁と協議しながら物事を進めようという習慣はないから、重複はありえないはずの補助金についても実は類似の補助金がある可能性は否定できない。

やはり、補助金の評価はその省庁以外の者が行うべきであって、補助金の三区分も第三者が行うべきだと私は考える。「縦割り行政」の内部では見えなかったものも、外から見れば見えるものがあるかもしれない。

4　まとめ

補助金をめぐるさまざまな問題のうち、特に不正やモラルハザードの問題は補助金をなくさなければ解決することは難しい。不可能といってもいいだろう。

しかし、これまで見てきたように、補助金を全廃することは簡単ではない。徐々に減らしていくしかないだろう。

この章では、そのための方策について提言したつもりであるが、財産処分制限の問題など細部に立ち入り過ぎたかもしれない。そのために論点が不明瞭になった恐れもあるので、要点を整理しておく。

○補助金を整理削減していくためには、補助金の利用率など補助金の詳細を知る必要がある。
そのために「補助金白書」の作成が望まれる。

○そのうえで補助金を

1　補助金として残すもの

2　融資に切り替えていくべきもの

3　廃止すべきもの

の三つに区分して徐々に補助金を削減していく方法が考えられる。なお、「補助金白書」の作成や三区分は、各省庁や各地方公共団体がそれぞれ行うのではなく、それらとは利害関係のない第三者によって統一的に行われるべきである。

○補助金の代替としての融資には以下の5点のメリットがある。

1　「ばらまき」の度合いは薄れる

2　効果測定が容易になる

3　財産処分についての制限と事務負担がなくなる

4　モラルハザードは減少する

5　財政負担が軽減される

あとがき

私の座右の銘は、「I NEVER LOOK BACK（私は過去を振り返らない）」だ。伝説の黒人メジャーリーガー、サッチェル・ペイジが年齢を尋ねられたときにこう答えたという。私はこの言葉がひどく気に入って、年齢のことではなく、自分自身が経験してきたことなどを思い出さないようにしてきた。仕事でも日常生活でも、私の場合は、過去を振り返れば「ああすればよかった」「こうすればよかった」「あんなことを言わなければよかった」と後悔だらけだからだ。過去を回想すれば心がかき乱される。だから、過去を振り返らないということは、座右の銘というよりは、ストレスをためない私なりの生活の知恵といったほうがいいかもしれない。

しかし、書く対象のことになれば話は別だ。過去にこだわる。特に、経済事象についてはそうだ。

私は学生時代に恩師徳永重良から「物事を歴史的に見る」ということを教わった。目前のあらゆる経済事象は突然出現したわけではなく、必ず歴史的経緯がある。それがなぜ発生し、どのような性格を持っていて、どのように変容してきたかを調べれば、それが今後どのようになるのかということをある程度は予測できる。

それで本論も、まず補助金の歴史からスタートしたのだが、第一次資料を検討したわけではなく、二次資料を読んでまとめたにすぎない。

したがって、「補助金の歴史」などというタイトルをつけるのはおこがましいのだが、まとめてみてわかったことは、現在よく言われる補助金についての問題は昔から存在していた、そして、それらは基本的には大きく変化していないということだった。

太平洋戦争後、日本の社会経済システムは激変したかのように思えた。新憲法が公布され、象徴天皇制となり、農地解放、財閥解体、教育改革が行われ、女性参政権が認められるなど欧米型の民主主義国家へ脱皮したように見えた。

しかし、先に見たように民主主義には二つの類型があるとすれば、日本はプロイセン型の民主主義国家であるといっていい。あるいは、そう断定するのが乱暴であれば、少なくともアメリカ型ではないといえるだろう。

ＧＨＱがいくらアメリカ型の民主主義国家に変えようとしたところで、国家と市民社会が同一レベルではなく、市民社会の上に国家が存在するという基本的構造までは変えることはできなかった。

つまり、国家の恩恵としての、あるいは官僚の地方統制としての補助金は、この基本的構造が変わっていないのだから、全廃されることはなかった。

そう思い至ったとき、フランスの政治思想家トクヴィルが『アメリカのデモクラシー』で、アメリカ建国の清教徒にイギリス的貴族制度の残滓が見出されることを指摘して、「何人といえども完全に過去から自分を断ち切ることはできまい」と述べていたのを思い出した。

これは国家にも当てはまる。戦後日本の社会経済システムは戦前のそれとまったく別のもの思われるほど大きく変化したが、完全に過去と断絶したわけではなかったのだ。

例えば、江戸時代の御普請から脈々と続いている補助金の恩恵的性格は、最近の新型コロナ禍対策の一つである一律10万円の特別定額給付金にも露出している。特別定額給付金は、社会福祉的なものなのか消費喚起を目的とした経済対策なのかよくわからないので厳密な意味での補助金とは言い難いのだが、広い意味での補助金と言って差し支えない。

福祉目的であれ経済対策であれ、いずれにしても効果はほとんど期待できない。そのことは支給する側も需給する側も理解しているはずだが、それでも実行されるのは、国民にありがたみを感じさせることが何よりも大事なのだという考え方があるからだ。そして国民にも国が何かしてくれて当然だという考え方がある。これもまた断ち切ることのできない歴史的経緯なのだ。

資本主義的経済システムが発展するにつれて国家の役割は小さくなる。ところが、日本は疑いもなく発展した資本主義国家であるのに国家の役割はそう小さくはなっていない。これが日本の特殊性だと、私は本論でも別の著作でも強調してきた。

「日本人は自分たちが特殊だと思っている。それが日本人の特殊性だ」と言われたのを聞いたことがあるし、日米会話学院で英語を学んでいたときにはアメリカ人の教師から、「あなたたちは、あなたたちが考えているほど特殊ではありませんよ」と言われた。だから私は「日本の特殊性」をあまり強調しないように心がけてきたのだが、さまざまなことを調べれば調べるほど「日本の特殊性」が出現してきて、そのことに言及せざるを得なくなっている。

もうこれは、直しようのない悪癖だなと自分でも思いながら、補助金を漸進的に削減していく手段として融資を取り上げた。融資というのは、特に銀行融資は極めて日本的なものだ。詳しくは拙書『日本の銀行と世界のＢＡＮＫ』に書いたのでそちらを参照していただきたいが、簡単にいうと、日本の銀行は産業と密接な関係があるが英米の銀行は産業とほとんど関係がない、ということになる。

専門的な用語を使えば、英米では企業が資金を資本市場から調達する直接金融が支配的で、日本では企業が銀行から融資をうける間接金融が主流である、ということができる。

英米の商業銀行は企業に長期資金を融資することはない。ゴールドマン・サックスなどの投資銀行は日本でいう証券会社なので、これも企業に長期資金を融資することはない。英米の金融機関が行っているものは、融資ではなく投資なのだ。

したがって、英米では補助金の代替としての融資はありえない、そもそも、英米の金融機関には企業を支援するという思想は微塵もないのだから。

補助金が日本的なシステム、日本的な考え方に規定されているとすれば、その問題解決の処方箋もまた日本的なシステム、日本的な考え方のなかにあるのではないだろうか。

産業と極めて密接な関係にある日本の銀行システムの「融資」は有力な処方箋となりうる、というのが私の考えたことだ。私は「融資」を過大評価しているかもしれない。

ただ、私の「融資」に対する考え方は経済学や金融論の教科書を読んで得られたものではなく、三十数年の実務経験をとおして得られたものであるということは強調しておきたい。

もとより私は学者でもないし、行政実務に携わったのも短期間であるから、各方面の専門家からみれば、本書の内容には不満があるだろうし、異論、反論も出るだろう。また出ることを期待している。

本書に対する批判をとおして補助金に対する関心が広がり、補助金についての議論が深まれば、筆者としてはこれに優る喜びはない。

なお、最後になってしまったが、竹内友恵さんら幻冬舎ルネッサンス新社編集部のスタッフから本書の構成、記述等で有益なアドバイスをいただいたことに謝意を表したい。

●参考文献（単行本のみ掲載）

『農業ビッグバンの経済学』山下一仁　日本経済出版社　２０１０年
『日本農業の真実』生源寺眞一　ちくま新書　２０１１年
『三人の二代目〈下〉―上杉、毛利と宇喜多』堺屋太一　講談社＋α文庫　２０１７年
『補助金の政治経済学』宮本憲一編　朝日選書　１９９０年
『補助金と農業・農村』今村奈良臣　家の光協会　１９７８年
『補助金の社会史―近代日本における成立過程―』長妻廣至　人文書院　２００１年
『補助金制度論』自治論集Ⅷ　地方自治研究会　１９５７年
『ミネルヴァ日本評伝選　松方正義　―我に奇策あるに非ず、唯正直あるのみ―』室山義正
ミネルヴァ書房　２００５年
『日本の近代13　官僚の風貌』水谷三公　中央公論新社　１９９９年
『補助金　現代地方自治全集⑭』鈴木慶明　ぎょうせい　１９７７年

『日本証券市場成立史　―明治期の鉄道と株式会社金融』野田正穂　有斐閣　１９８０年
『イングランド銀行史』アンドリュー・アンドレアデス　町田義一郎、吉田啓一共訳
日本評論社　１９７１年
『東インド会社　巨大商業資本の盛衰』浅田實　講談社現代新書　１９８９年
『新版 基本から学ぶ地方財政』小西砂千夫　学陽書房　２０１８年
『戦後経済史　私たちはどこで間違えたのか』野口悠紀雄　東洋経済新報社　２０１５年
『日本の銀行と世界のＢＡＮＫ』庄司進　幻冬舎ルネッサンス新書　２０１３年
『國破れてマッカーサー』西鋭夫　中公文庫　２００５年
『アメリカ資本主義と民主主義』楠井敏朗　多賀出版　１９８６年
『世界標準で生きられますか』竹中平蔵・阿川尚之　徳間書店　１９９９年
『行政法入門〔第７版〕』藤田宙靖　有斐閣　２０１６年
『公共経済学』岡野行秀、根岸隆編　有斐閣　１９７３年
『公と私』三戸公　未来社　１９７６年
『21世紀は個人主義の時代か』ロナルド・ドーア　加藤幹雄訳　サイマル出版会　１９９１年
『社会的共通資本』宇沢弘文　岩波新書　２０００年
『選択の自由』Ｍ＆Ｒ・フリードマン　西山千明訳　日本経済新聞社　１９８０年

『アメリカの素顔』ジャック・ソロモン　武内道子訳　丸善ライブラリー０３７　１９９２年
『國富論（三）』アダム・スミス　大内兵衛訳　岩波文庫　１９４２年
『素直に生きる１００の講義』森博嗣　大和書房　２０１４年
『中小企業のための補助金・助成金徹底ガイド２０１７―２０１８年版』監修　経士会　同
友館　２０１７年
『「思考」を育てる１００の講義』森博嗣　大和書房　２０１３年
『不思議な国　日本』ロナルド・ドーア　筑摩書房　１９９４年
『多久島事件の全貌』新田博　農政タイムズ社　１９５６年
『補助金と政権党』広瀬道貞　朝日新聞社　１９８１年
『お役所仕事の倫理と論理』庄司進　創栄出版　２０１８年
THE WEALTH OF NATIONS ADAM SMITH, BANTAM CLASSIC EDITION 2003

著者略歴

庄司 進（しょうじ すすむ）

1952（昭和27）年仙台市生まれ。

東北大学経済学部卒業後、国民金融公庫（現日本政策金融公庫）に入庫、小企業への融資事務に従事。2012（平成24）年公庫を定年退職、2013（平成25）年から宮城県経済商工観光部に期限付職員として勤務、補助金の交付事務に従事し、2018（平成30）年退職。現在は仙台市に在住。

著書に『日本の銀行と世界のBANK』（幻冬舎ルネッサンス新書）、『お役所仕事の倫理と論理』（創栄出版）、『危険な思想 ― 狩野亨吉と安藤昌益』（無明舎出版）がある。

幻冬舎ルネッサンス新書　208

補助金《ほじょきん》の倫理《りんり》と論理《ろんり》

2020年10月29日　第1刷発行

著　者　庄司 進
発行人　久保田 貴幸

発行元　株式会社 幻冬舎メディアコンサルティング
〒151-0051　東京都渋谷区千駄ヶ谷4-9-7
電話　03-5411-6440（編集）

発売元　株式会社 幻冬舎
〒151-0051　東京都渋谷区千駄ヶ谷4-9-7
電話　03-5411-6222（営業）

ブックデザイン　田島照久
印刷・製本　中央精版印刷株式会社

検印廃止

Printed in Japan
ISBN 978-4-344-92981-4　C0233
幻冬舎メディアコンサルティングHP
http://www.gentosha-mc.com/